Die Neumark entdecken

Durch die alte Kulturlandschaft östlich der Oder

Aufgezeichnet von Jörg Lüderitz

Trescher
Reihe Reisen

3., überarbeitete und aktualisierte
Auflage 2003

Reinhardtstraße 9
10 117 Berlin
www.trescherverlag.de
post@trescherverlag.de
ISBN 3-89794-019-1

Trescher-Reihe Reisen
Herausgegeben von Sabine Fach
und Bernd Schwenkros

Reihenentwurf: Robert Schumann
Satz und Bildbearbeitung:
Angelika Drescher
Lektorat: Hinnerk Dreppenstedt,
Sabine Fach
Karten: Johann Maria Just, Bernd
Schwenkros
Umschlagkarte: Bernd Schwenkros
Titelfoto: Das Rathaus in
Chojna/Königsberg
Fotonachweis: Jörg Lüderitz, außer :
Detlev von Oppeln (81, 139, 145)

Gedruckt auf chlorfrei gebleichtem
Papier.
Printed in Germany.

Vorwort zur 3. Auflage

Innerhalb von wenigen Jahren, die seit dem Erscheinen der zweiten Auflage des vorliegenden Reiseführers vergangen sind, haben sich viele Veränderungen in der Neumark ergeben und machten eine Aktualisierung erforderlich.

So schreitet etwa die Restaurierung von Schloß Dąbroszyn/Tamsel voran, wird die Marienkirche in Chojna/Königsberg schrittweise wieder aufgebaut, das Freilichtmuseum in Witnica/Vietnitz erweitert oder die Badeanstalt in Barlinek/Berlinchen original nachgestaltet. In zahlreichen Orten entstanden weitere Gedenksteine oder Inschriften zur Erinnerung an die früheren deutschen Einwohner. Auf einigen alten Friedhöfen wurden Grabsteine aus der Zeit von vor 1945 zusammengetragen und wieder aufgestellt. Außerdem gibt es Bemühungen um den Erhalt und um die Pflege alter Gutsanlagen einschließlich ihrer Parks.

Die frühere Neustadt von Kostrzyn/Küstrin erhält zur Zeit ein neues modernes Zentrum. Bemühungen um eine Wiederbelebung der Altstadt gleich hinter dem Grenzübergang blieben nach der Freilegung der überwucherten Fläche allerdings bisher nur Stückwerk und ohne finanzierbare Konzeption. Vielleicht findet sich doch noch ein Investor für den Wiederaufbau des geschichtsträchtigen Schlosses.

Den Fahrrad- und Fußwanderern, auch den Pferdefreunden und den Wassersportanhängern, bietet sich ein ständig wachsendes Netz von Unterkunfts- und Einkehrmöglichkeiten. Die mitunter langen Wartezeiten an der Grenze und die noch geltenden Formalitäten werden mit dem voraussichtlichen Beitritt Polens in die Europäische Union im Jahre 2004 bald der Vergangenheit angehören.

Das alles wird mit dazu beitragen, daß die Neumark wegen der vielen klaren Seen, der weiten Wälder, der verträumten Orte sowie der liebenswürdigen Bevölkerung als ein ›Klein-Masuren‹ unweit von Berlin bei den naturverbundenen Touristen noch mehr an Anziehungskraft gewinnen wird.

Ich danke vor allem den polnischen Partnern für die Mithilfe an der Aktualisierung und wünsche der dritten Auflage einen guten Weg für Urlaub, Erholung und Wissensvermittlung. Darüber hinaus liegt mir sehr am Herzen, daß sich in der Grenzregion Neumark, polnisch heute die Landschaft Pojezierze Myśliborskie, deutsche und polnische Menschen kennenlernen und freundschaftlich begegnen.

Jörg Lüderitz

Vorspruch

Es ist ein Garten, den ich manchmal sehe
östlich der Oder, wo die Ebenen weit.
Ein Graben, eine Brücke, und ich stehe
an Fliederbüschen, blau und rauschbereit.

Es ist ein Knabe, dem ich manchmal trauere,
der sich am See, in Schilf und Wogen ließ,
noch strömte nicht der Fluß, vor dem ich schauere,
der erst wie Glück und dann Vergessen hieß.

Gottfried Benn

Wer aber hinauszog in das neumärkische Land, wer Felder und Wälder durchstreifte, wer die tiefen Geheimnisse der märkischen Waldseen erlauschte und die Schönheit, die wertvolle Eigenart dieses Landes erspähte, dem wird es zur Pflicht, von diesem herrlichen Lande zu künden und möglichst jedem, der Sinn und Liebe für Wanderungen besitzt, Anregungen zu geben, um das neumärkische Land in seiner Schönheit so kennen zu lernen, wie es fast unentdeckt noch vor uns liegt.

›Neumärkisches Wanderbuch‹ 1929

Schutzhütte bei Neumühl

Eine Entdeckungsreise

Bis zum Zweiten Weltkrieg war die von ausgedehnten Wäldern, malerischen Seen, verträumten Dörfern, großen Landwirtschaftsbetrieben und geschichtsträchtigen Kleinstädten geprägte Landschaft der ehemaligen Neumark ein beliebtes Gebiet für Ausflüge und naturnahe Urlaubsaufenthalte. Die meisten Besucher kamen damals mit der Bahn von Berlin über Küstrin-Kietz oder Wriezen, aus Richtung Stettin (Szczecin) oder über Reppen (Rzepin) aus dem Schlesischen.

Es wurden vor allem verwandtschaftliche Beziehungen genutzt, um sich in den Ferien einzuquartieren. Aber es bestanden ebenso kleine Hotels, Pensionen, Jugendherbergen und private Einzelzimmer. Fußwanderer, Radler oder Bootsfahrer kamen auch bei Bauern unter oder schlugen ihre Zelte in der freien Natur auf. Touristenvereine und Clubs aus Berlin, aus ganz Brandenburg, aus Pommern, aus Schlesien und von noch weiter her unternahmen Exkursionen, um die Schönheiten des Landes und seine historischen Sehenswürdigkeiten aufzusuchen. Schließlich kamen in den vierziger Jahren noch viele Gäste hinzu, die sich vor den Bombenangriffen auf Berlin und andere Großstädte in Sicherheit brachten.

Im Jahre 1945 erfolgte mit der Übergabe des Gebietes an den polnischen Staat und der zwangsweisen Auswechslung der Bevölkerung eine Zäsur, die den Tourismus, zumindest was Besucher aus Deutschland betraf, für Jahrzehnte lahmlegte.

Als man in den sechziger Jahren aus der DDR mit privaten Einladungen wieder in die Neumark reisen konnte und aus der BRD zumindest organisierte Gruppenreisen möglich waren, nutzten das vorrangig die früheren Einwohner der Neumark. Sie wollten ihre Heimat wiedersehen, besichtigten darüber hinaus jedoch auch weitere Orte und Landschaften.

Im Januar 1972 wurde der visafreie Verkehr von der DDR aus eingeführt. Zwischen Kommunen, Betrieben, Schulen und Sportgruppen beiderseits der Grenze entwickelten sich Kontakte, denen Urlaubs- und Ferienaustausch, auch Privataufenthalte im Nachbarland folgten. Nach dem Aufstand der Polen im Jahre 1980 gab es wiederum starke Einschränkungen für ausländische Besucher. Erst der gesellschaftliche Umschwung ab 1989 öffnete das Land wieder und nun wohl endgültig für Gäste aus dem wiedervereinigten Deutschland.

Eine flächendeckende und gut ausgestattete Tourismusbranche, die den Normen einer freien Marktwirtschaft entsprach, konnte erst danach entwickelt werden. In den vergangenen Jahren wurden viele Bemühungen unternommen, Hotels, Pensionen und Campingplätze zu sanieren. Die meisten befinden sich jetzt in Privathand. Manchmal findet man am Straßenrand das Schild ›Zimmer zu vermieten‹, und man kann davon ausgehen, daß Verständigung in deutscher Sprache möglich ist. Die Kommunen, Kreisverwaltungen und Wojewodschaftsämter unterstützen diese privaten Initiativen durch Rat und Tat. So wurden beispielsweise Auskunftsstellen eingerichtet und Prospekte, Stadtpläne und Karten in deutscher Sprache gedruckt.

Das Angebot für einen erholsamen und erlebnisreichen Tages-, Wochenend- oder Urlaubsaufenthalt gleich hinter der Oder-Grenze ist also verlockend, zumal die Preise niedrig liegen und vielerorts Fahrzeuge sicher abgestellt werden können.

Der vorliegende Reiseführer will Fahrten mit dem Auto, der Bahn, dem Bus, dem Rad oder dem Sportboot in eine vor allem bei den jüngeren Deutschen fast unbekannte Region anregen.

Jedes Ortskapitel ist einem städtischen Zentrum zugeordnet und bezieht die Umgebung mit ein. Beschrieben wird im wesentlichen die nördlich der Warta (Warthe) liegende Region, die bis 1945 zur Mark Brandenburg gehörte, also die früheren Kreise Arnswalde, Friedeberg, Königsberg, Landsberg Stadt und Land sowie Soldin. Einige Abstecher führen im Süden über den Fluß hinweg und im Norden in ehemaliges pommersches Gebiet.

Beabsichtigt ist die Wiederentdeckung der Reize eines seit 50 Jahren kaum durch Umwelteinflüsse, Industrien oder Wohnbebauung veränderten Landstriches. Zu Unrecht ist er durch den Lauf der Geschichte in Vergessenheit geraten.

An der Oder bei Bielinik (Bellinchen)

Landschaft und Natur

Das vorgestellte Reisegebiet wird im Westen von der Oder, im Süden von der Warta (Warthe) und im Osten von der Drawa (Drage) eingegrenzt. Lediglich im Norden bildet kein Flußtal den Abschluß. Hier geht zumeist das Gelände eines Höhenrückens in Niederungen über. Die Landschaft erhielt ihre heutige Form, nachdem vor mehr als 10 000 Jahren die letzten Gletscher der Eiszeit schmolzen und deren Wassermassen abflossen.

Das Bruch der Warta (Warthe) ist ein Abschnitt des Thorn (Torun)-Eberswalder Urstromtals. Nördlich bestehen teilweise steile Abhänge und kleinere Nebentäler. Hier wurde der aus Steinen, Lehm und Kalk bestehende Geschiebemergel abgelagert. Es folgt eine 10 bis 40 Kilometer breite Zone mit vorwiegend Sandboden. Sie ist zumeist mit Kiefernwald bedeckt. Man findet jedoch viele Unterbrechungen durch Seen, Sümpfe und Fließe. Den Rand nach Norden hin bildet eine Endmoräne. Ihre gesamte Länge zieht sich von Schleswig-Holstein bis zu den baltischen Ländern hin.

Stellenweise wie bei Cedynia (Zehden), nahe der Grenze, oder bei Barlinek (Berlinchen) gibt es steile Abhänge. Zumeist ist aber das Gelände wellenförmig, und die Hügel gehen auf sanfte Weise in das Flachland mit fruchtbaren Böden über. Eine Besonderheit sind die vielen großen und kleinen Findlinge, die aus dem Erdboden herausragen. Am Rande der Endmoräne hinterließen die Schmelzgewässer zudem zahlreiche Rinnen und Kessel. In ihnen sammelte sich das Wasser, und so entstanden Seen. Der vorwiegend land- und forstwirtschaftlich genutzte Landstrich ist also abwechslungsreich gegliedert. Der Wechsel vom Urstromtal über Abhänge zur Hochfläche, zu Nebentälern, zu Seen, Mooren und Felshängen und dann wieder in die Niederungen vollzieht sich schnell.

Vielgestaltig ist die Natur der Region. Fast die Hälfte der Fläche ist mit Wäldern bedeckt. Es herrscht zwar die Kiefer vor, es gibt aber ebenso viele Mischwälder. An Gewässern und auf Hängen wachsen Buchen- und Eichenwälder. Auch Birken sind stark vertreten. Viele Nebenstraßen sind von Bäumen eingefaßt. In den Wäldern leben nicht nur viele Wild- und Vogelarten, sie sind auch zum großen Teil pilzreich. Stellenweise gedeihen Heidelbeeren, Walderdbeeren und andere Wildfrüchte.

Die Landwirte bestellen alle einheimischen Getreidearten, Kartoffeln, Rüben und Futterpflanzen. Wunderschön ist die Farbenpracht im Frühsommer, wenn die Rapsfelder, die Kornblumen und der Klatschmohn blühen.

Vor allem in der Nähe von Flüssen bieten die Wiesenflächen und Talhänge nicht nur üppiges Viehfutter, sondern auch den Lebensraum für bunt blühende Kräuter, für Schmetterlinge und für Vögel. Viele seltene Arten blieben durch die bisher meist traditionellen Formen des Ackerbaues und der Viehzucht erhalten. In

Sanfte Hügel bestimmen vielerorts das Bild wie hier bei Cedynia (Zehden)

den Seen und Flüssen leben zahlreiche Fischarten, und die meisten weisen eine stabile Population auf, so daß Angeln vielerorts möglich ist. Beliebt bei den Anglern sind Aale, Forellen, Lachse, Moränen und Zander.

Zum Schutz für besondere Landschaftsformen und seltene Arten wurden Landschaftsparks und Naturschutzgebiete eingerichtet sowie Naturdenkmäler als solche gekennzeichnet. Das Tal der Drawa (Drage) verfügt sogar über den Status eines Nationalparks und kann als urwüchsigste Region der vorgestellten Landschaft gelten. Landschaftsparks sind das Waldgebiet zwischen Gorzów (Landsberg) und Barlinek (Berlinchen) sowie das Tal der Płonia (Plöne) nördlich von Barlinek. Bedeutsame Naturschutzgebiete sind das Vogelschutzreservat bei Kostrzyn (Küstrin) – neuerdings im Status eines Nationalparks –, das Steppenreservat bei Bielinik (Bellinchen) und das Reiherreservat bei Cedynia (Zehden). Außerdem werden oft uralte Baumgruppen und Sumpfformationen geschützt.

Geschichte

Älteste Bewohner der Region waren in der mittleren Steinzeit (zwischen 8000 und 4000 v. Chr.) Jäger und Fischer. Während der Jungsteinzeit (4000 bis 2000 v. Chr.) entwickelten sich Ackerbau und Viehzucht. In den beiden letzten Jahrtausenden vorchristlicher Zeit lebten dort Menschen verschiedener Kulturen, die nach der Herstellungsform ihrer Gefäße benannt werden. Von 600 bis 100 v. Chr. breitete sich die frühgermanische Jastorf-Gruppe aus.

Ersten schriftlichen Überlieferungen römischer Autoren zufolge lebte in dieser Landschaft seit etwa 50 v. Chr. der germanische Stamm der Burgunden. Im 4. Jahrhundert wanderte er nach Südwesten ab. Etwa 200 Jahre lng war das Gebiet fast menschenleer, bis slawische Stämme, die durch das Vordringen der Hunnen und Awaren dazu genötigt wurden, einwanderten.

Östlich der mittleren Oder wurden unter anderem die Stämme der Pyritzer und der Lebuser ansässig. Später bestand hier das Grenzgebiet zwischen den Polanen (den Landbewohnern) und den Pomeranen (den Meerbewohnern). Mitte des 10. Jahrhunderts kam die Region zum polnischen Staat, der damals von Herzog Mieszko I. aus dem Geschlecht der Piasten durch den Zusammenschluß mehrerer Stämme, zeitweilig auch der Pomeranen, gegründet wurde. Der Herzog unterwarf sich 963 der Oberhoheit des ›Heiligen Römischen Reiches deutscher Nation‹ in Gestalt des Kaisers Otto I. und nahm 966 das Christentum an. Ein Zins für das ›Land bis an den Fluß Warthe‹ war von ihm zu entrichten. Der historisch nicht verbürgte, mißlungene Angriff von Markgraf Hodo gegen Mieszko bei Zehden (Cedynia) im Jahre 972 soll eine deutsche Ausbreitung auf dieses Territorium verhindert haben.

Auseinandersetzungen um das Gebiet gab es in der Folgezeit zwischen Pommern, das den größten Teil in Besitz hatte, und Polen. Das führte zu Schenkungen von Landesteilen an die Kirche, vor allem an den Templer- und den Zisterzienserorden. So erhielten die Templer Ländereien um Kostrzyn (Küstrin), Myślibórz (Soldin) und Chojna (Königsberg/Neumark) sowie an der Drawa (Drage). Ein Kriegszug Schlesiens in diese Region und der Mongoleneinfall schwächten Polen und Pommern. Deshalb konnten mit deren Einverständnis um 1250 das brandenburgische Geschlecht der Askanier das Gebiet der späteren Neumark übernehmen. Durch den geistlichen Besitz lebten schon viele deutsche Bauern und Adlige im Lande. Nun wurden brandenburgische Städte gegründet und mit Befestigungsanlagen ausgestattet. Kirchliches Eigentum wurde gegen Entschädigung zum Teil von den Askaniern übernommen.

Das im Jahre 1337 angelegte Dorfregister ›Terra transoderana‹ gibt Aufschluß über die damalige Bevölkerungsstruktur und Besitzverhältnisse. 1397 tauchte erstmalig die Bezeichnung ›Neue Mark über Oder‹ auf. Soldin (Myślibórz) war ihr Hauptort.

Christliche Orden in der Neumark

Die Zisterzienser, ein im Jahre 1089 in Citeaux in Frankreich gegründeter Ableger des Benediktinerordens, wurden von den askanischen Markgrafen in die Neumark geholt. Durch markgräfliche Stiftungen entstanden im 13. und 14. Jahrhundert die Klöster Zehden (Cedynia), Bernstein (Pełczyce), Marienwalde (Bierzwnik) und Himmelstädt (Mironice).
Die Templer waren ein geistlicher Ritterorden, der 1118 nach dem ersten Kreuzzug in Jerusalem gegründet wurde.
Der Orden gelangte zu Macht und Reichtum, wurde aber 1312 wegen angeblicher Abkehr von christlichen Werten verboten und aufgelöst.
In den Jahren von 1232 bis 1234 erhielten die Templer vom damaligen großpolnischen Herzog Odonicz sowie vom Pommernherzog Barnim I. größere Ländereien in der Neumark. Nach dem Verbot des Templerordens gelangte der größte Teil des Besitzes an den Johanniterorden. Der Johanniterorden wurde ebenfalls in Jerusalem gegründet und im Jahre 1113 vom Papst anerkannt. Seine Aufgabe war vor allem die sanitäre Betreuung der Kreuzfahrer. Ihren Sitz in Brandenburg richteten sie ab 1427 in Sonnenburg (Słońsk) nahe Küstrin ein. Sie engagierten sich in der Alten- und Krankenpflege sowie in der Kultivierung der Landschaft.
Ab 1530 befand sich der Hauptsitz des Ordens auf des Insel Malta, daher auch der Name Malteserorden.
Der Johanniterorden schloß sich der Reformation an.

Die Johanniter-Ordenskirche in Chwarszczany (Quartschen) stammt aus dem 14. Jahrhundert

Von 1402 bis 1455 befand sich die Neumark durch Kauf unter der Regentschaft des Deutschen Ordens. Um 1433 verwüsteten die Hussiten zahlreiche Orte. Von 1535 bis 1571 war die Neumark unter Einbeziehung weiterer Gebiete unter dem Markgrafen Johann ein selbständiges Fürstentum. Der Herrscher ließ Küstrin (Kostrzyn) zu seiner Residenz sowie zu einer starken Festung ausbauen. Im Jahre 1538 wurde die Reformation eingeführt und bald danach Klosterbesitz für den Staat eingezogen.

Als ›Hans von Küstrin‹ ohne Erben starb, kam die Neumark wieder zur Kurmark. Sie behielt aber eine eigene Verwaltung, an deren Spitze ab 1655 ein Landesdirektor stand. Im Dreißigjährigen Krieg (1618–1648) gab es starke Zerstörungen und Drangsalierungen der Bevölkerung, ebenso während des Siebenjährigen Krieges (1756–1763). Um 1775 war die Trockenlegung des Warthe (Warta)- und des Netze (Noteć)-Bruches abgeschlossen. Dort entstanden etwa einhundert Kolonistendörfer.

Im Jahre 1815 wurde der Regierungsbezirk Frankfurt (Oder) innerhalb der Provinz Brandenburg gebildet. Zu ihm gehörten auch die neumärkischen Kreise Arnswalde (Choszczno), Friedeberg (Strzelce Krajeńskie), Königsberg (Chojna), Landsberg (Gorzów) und Soldin (Myślibórz). 1892 wurde Landsberg kreisfreie Stadt.

Durch die Anlage von Straßen, Bahnstrecken und die Verbesserung der Wasserwege gab es im 19. Jahrhundert einen deutlichen wirtschaftlichen Aufschwung. Im Zuge einer Verwaltungsreform wurden die Kreise Arnswalde und Friedeberg im Jahre 1938 an Pommern angeschlossen.

Ende Januar 1945 eroberte die sowjetische Armee das Gebiet, aus dem zuvor viele Bewohner geflüchtet waren. Arnswalde (Choszczno) und Küstrin (Kostrzyn) wurden wochenlang verteidigt und fast ganz zerstört. Andere Städte wie Landsberg (Gorzów), Friedeberg (Strzelce Krajeńskie), Berlinchen (Barlinek) und Königsberg (Chojna) wurden nach der Einnahme durch Brandschatzungen heimgesucht.

Im Sommer 1945 kam es zur Vertreibung des größten Teiles der deutschen Bevölkerung. Durch das Potsdamer Abkommen vom August 1945 ist die Neumark ›unter polnische Verwaltung‹ gestellt worden. Erst ein Friedensvertrag sollte die Grenze endgültig festlegen. Dennoch wurden Tatsachen geschaffen, die DDR-Regierung erkannte bereits 1950 die Oder-Neiße-Grenze als Staatsgrenze zu Polen an, und in den Folgejahren ist die restliche frühere Bevölkerung zwangsweise ausgesiedelt worden.

Die alten Kreiseinteilungen wurden im wesentlichen beibehalten. Die neuen Wojewodschaftsgrenzen teilten jedoch die ehemalige Neumark. Seit der Verwaltungsreform von 1975 gehörte der nordwestliche Teil zur Wojewodschaft Szczecin (Stettin) und der südöstliche zur Wojewodschaft Gorzów (Landsberg). Damals wurden auch die Kreise aufgelöst. Dafür entstanden sogenannte Gminy. Das sind Großgemeinden, denen zahlreiche Dörfer unterstehen. Seit dem 1. Januar 1999 bestehen die neuen Wojewodschaften Lubuskie (Lebuser Land) mit den Kreisen Gorzów und Strzelce-Drezdenko sowie Zachodniopomorski (Westpommern) mit den weiteren neumärkischen Gebieten.

Seit 1989 gibt es eine verbesserte deutsch-polnische Zusammenarbeit bei der Aufbereitung der Geschichte und bei der Erhaltung von kulturellen Werten. Die Wirtschaft und die Tourismusförderung stellten sich in den vergangenen Jahren immer stärker auf die deutschen Nachbarn ein.

Dieses Bild, gemalt von polnischen und deutschen Jugendlichen, soll den Brückenschlag zwischen Deutschen und Polen darstellen

Die Reiseziele und ihre Umgebung

Kostrzyn (Küstrin)

Mit Kostrzyn machen bereits durch den Straßen- und Bahnübergang viele Polen-Touristen Bekanntschaft. Es lohnt sich aber auch ein Aufenthalt in dem geschichtsträchtigen Ort. Die 1945 vernichtete Altstadt mit ihren Festungsanlagen und dem Stadtschloß wird, ähnlich wie einst Pompeji, freigelegt, in der früheren Neustadt pulsiert reges Geschäftsleben.

Sehenswürdigkeiten in der näheren Umgebung sind etwa Schloß, Kirche und Park von Dąbroszyn (Tamsel), das Schlachtfeld von Zorndorf (Sarbinowo) 1758, die Johanniterkirche von Chwarszczany (Quartschen) sowie das Vogelschutzreservat im Warthebruch, das sich bis Słońsk (Sonnenburg) hinzieht.

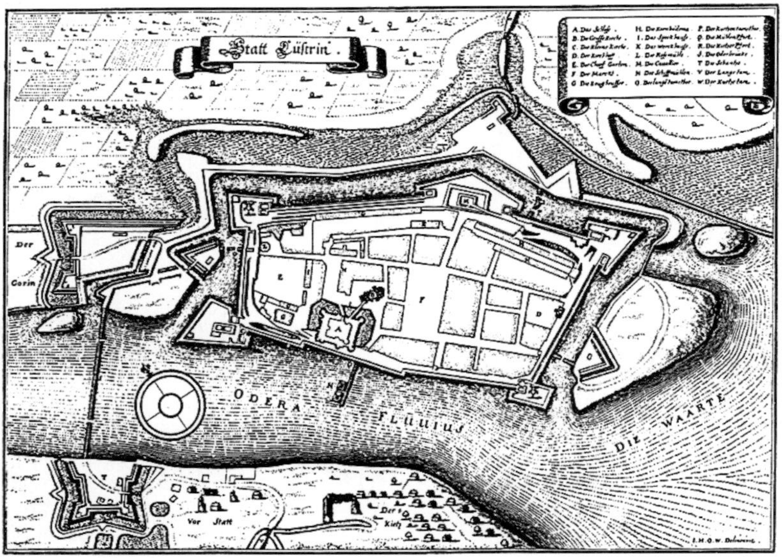

Festung Küstrin im Jahre 1652 von Merian

Geschichte

Die Gegend an der Mündung der wasserreichen Warta in die Oder war schon in prähistorischer Zeit ein günstiger Siedlungsort. Anhand von Funden wurden germanische und slawische Wohnstätten nachgewiesen. Im 10. Jahrhundert gehörte die Region zum pommerschen und vom 11. bis zum 13. Jahrhundert zum polni-

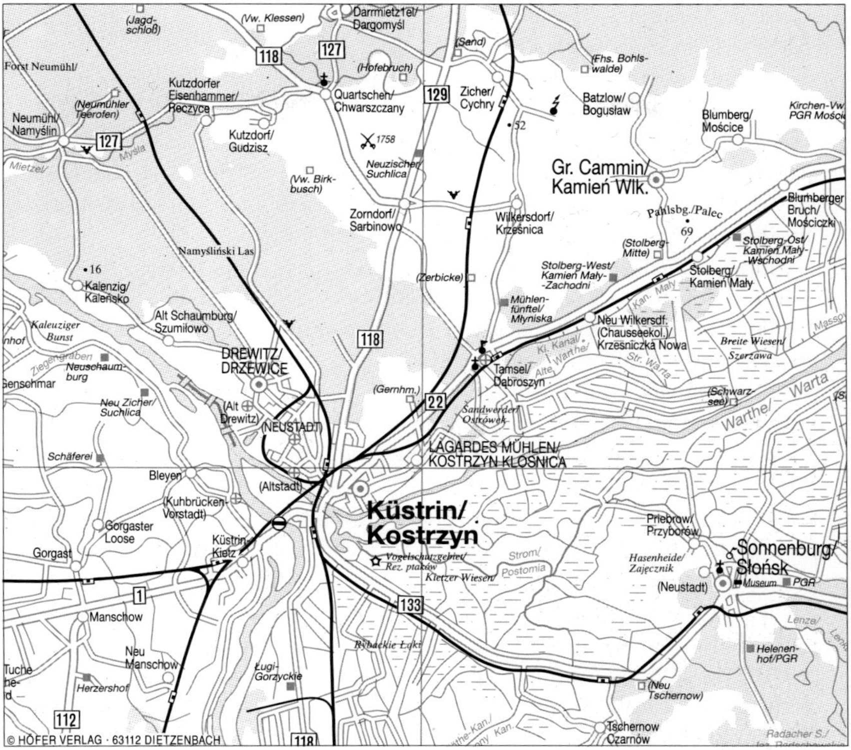

schen Herrschaftsgebiet. Die Polen überließen den Flußübergang mit Umgebung im Jahre 1232 dem Templerorden. Damals tauchte der Ortsname erstmalig auf, und es entstand ein Marktflecken. Im Jahre 1261 übernahmen die Brandenburger den Besitz und ließen eine Stadt anlegen. Man lebte vor allem vom Fischhandel, während die Zolleinkünfte in die Staatskasse flossen. Bereits 1436 gab es eine Brücke über die Oder.

Einen großen Aufschwung erlebte die Stadt, als von 1535 bis 1571 die Neumark unter Markgraf Johann ein eigener Staat war. ›Hans von Küstrin‹ ließ die Stadt samt Festung zu seiner Residenz ausbauen. So erhielt Küstrin für Jahrhunderte eine militärische Schlüsselposition. Die mächtigen Gemäuer widerstanden im Dreißigjährigen wie im Siebenjährigen Krieg und fielen 1806 nur durch Verrat an die Franzosen. Nach dem Vertrag von Versailles wurden sie teilweise geschleift und erlitten ihr endgültiges Aus erst durch den Zweiten Weltkrieg.

Durch Militär und Verwaltung entfaltete sich die Stadt. Westlich der Oder entstanden die ›Lange Vorstadt‹ und als Verlagerung der Kietz sowie am nördlichen Warta-Ufer die ›Kurze Vorstadt‹, die der größte Ortsteil wurde.

Modell des Stadtschlosses von Küstrin

In Küstrin verbrachte Kurprinz Friedrich Wilhelm, der spätere ›Große Kurfürst‹, mehrere Jahre seiner Kindheit. Von 1730 bis 1732 war Kronprinz Friedrich, später ›Friedrich der Große‹, nach einem gescheiterten Fluchtversuch Festungshäftling in Küstrin. Vom Schloßfenster aus mußte er miterleben, wie sein Freund Katte hingerichtet wurde. Nach Lockerung der Haft lernte er Verwaltungs- und Landwirtschaftsarbeiten kennen.

Im Jahre 1758 wurde Küstrin von den Russen stark verwüstet und danach neu aufgebaut. Um 1800 hatte die Stadt etwa 5500 Einwohner. Durch Urbarmachung von Brüchen, Kanalisierung, die Anlage von Straßen und später von Eisenbahnen und Fabriken entwickelte sich Küstrin weiter. Aber es blieb im Schatten von Frankfurt (Oder), das Sitz des Regierungsbezirkes wurde.

Nach dem Zweiten Weltkrieg fand die polnische Verwaltung fast nur Ruinen vor. Diese wurden gesprengt und zum Teil für den Aufbau von Warschau abtransportiert. Das Gelände der Altstadt wurde mit den Jahren überwuchert.

Erst mit Produktionsbeginn der Zellstoffabrik kam 1958 Belebung in die Stadt, die Öffnung der Grenze 1992 brachte den wirtschaftlichen Durchbruch. Seither finden die Touristen große Basare, schmucke Geschäftszeilen und die Arbeiten zur Freilegung der Altstadt vor.

Ein Stadtrundgang

Einen Rundgang beginnt man am besten am Hauptbahnhof. Er ist in zwei Etagen angelegt und bietet Fahrten in Richtung Ostsee und Schlesien, Berlin sowie Gorzów (Landsberg). In der Halle kann man Geld wechseln, einkaufen und einkehren. Von den Bahnsteigen gibt es einen Hinterausgang zur Papierfabrik. Neben der Pappelallee, die dorthin führt, befindet sich ein Kulturhaus mit Sportanlagen einschließlich Schwimmbad.

Vom Bahnhofsvorplatz nach rechts gelangt man vorbei an den Bushaltestellen zum Naturkundemuseum mit Schwerpunkt Vogelschutz-Nationalpark. Hier befindet sich zugleich die touristische Informationsstelle einschließlich Fahrrad-

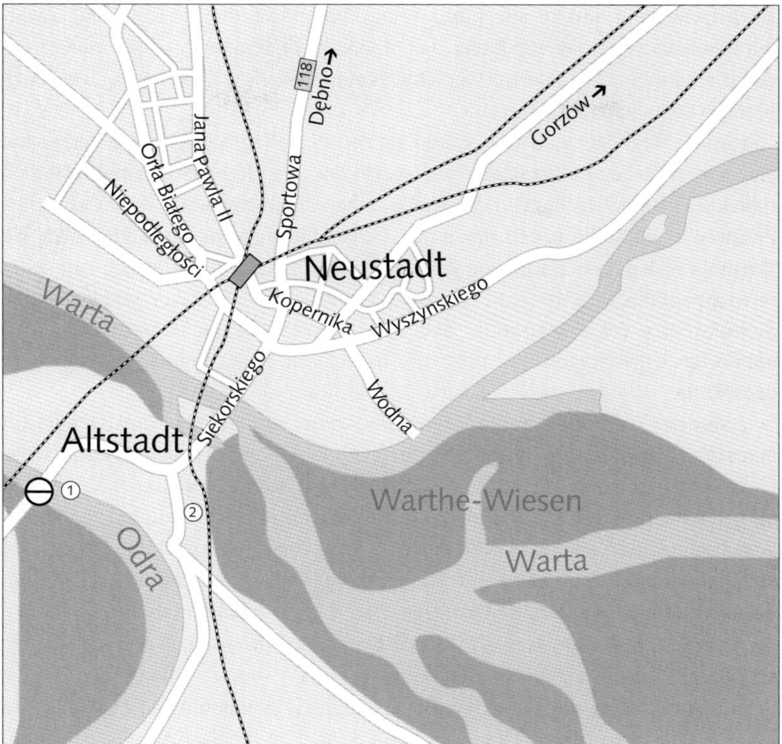

Kostryn/Küstrin

Legende

1 Grenzübergang

2 Grenzbasar

verleih. Geradeaus vom Bahnhof kommt man direkt auf das Hotel ›Miejski‹ zu. Daneben liegt ein durchgängig bewachter Parkplatz. Man geht nach links, entlang schmucker Geschäfte, und erblickt hinter der Hauptstraße den hohen Wasserturm. In seiner Nähe stößt man auf einen Basar mit echter polnischer Atmosphäre. Die ul. Mickiewicza grenzt an einen Stadtteil, der durch Kasernen geprägt ist. Kostrzyn war schon immer eine bedeutende Garnisonsstadt.

Schließlich wird der Turm einer modernen Kirche erblickt. Ihre Innenausstattung, auch im Nebensaal, ist sehenswert. Von hier lohnt sich ein Abstecher an die Warta auf der Straße Wodna bis zum Café Canape mit deutschsprachiger

Bewirtschaftung direkt am Fluß. Man kommt an vielen Ein- und Zweifamilienhäusern vorbei und findet sich plötzlich vor dem breiten Fluß wieder, der den Blick hinüber zur großen Überschwemmungsfläche freigibt, die sich bis nach Słońsk (Sonnenburg) ausbreitet.

Zurück zum Stadtzentrum kommt man am ehemaligen Moltkeplatz vorbei und entdeckt zwischen Grünanlagen den Sockel des alten Kriegerdenkmals mit dem ruhenden Löwen. Rechts von der Straße stehen die Restgebäude der historischen Feuerwehr, links die neuen modernen Geschäfts- und Bürogebäude. Über die Warthebrücke geht es zur einstigen Altstadt. Von der Brücke bietet sich eine schöne Sicht auf die Tallandschaft, ebenso zu zwei Eisenbahnbrücken und bis zu den Schornsteinen der Papierfabrik. Seit dem Verkauf an eine schwedische Firma wurde die Umweltverschmutzung, die früher von dieser Fabrik ausging, stark gedrosselt.

Links der Brücke folgt der große Grenzbasar, ein beliebtes Einkaufsziel für deutsche Tagestouristen, und rechts geht es zur Grenze. Geradeaus breitet sich das Gelände der früheren Altstadt aus. Seit 1994 werden die alten Straßenzüge sowie die Bastionen und Wallanlagen freigelegt. Wichtige Standorte sind das Stadtschloß, die Marienkirche, das Berliner Tor und der Kattewall. Je nach Interesse kann man sich hier aufhalten, über die schlimmen Kriegsfolgen für Küstrin nachdenken und die Sicht auf die Oder genießen. Nach Freilegung und Beschriftung der Ruinen soll nun mit dem Wiederaufbau begonnen werden, in den Kasematten sind bereits Austellungen zu sehen.

Hingewiesen sei noch an einen Gedenkstein zur Erinnerung an die deutschen Toten bis 1945. Er befindet sich auf dem Friedhof an der Straße nach Sarbinowo (Zorndorf).

In den Ruinen der Altstadt

Blick von den Festungsmauern über die Oder

Die Umgebung

Im Stadtteil Drzewice (Alt Drewitz) befindet sich ein Gedenkfriedhof für die in einem Lager des Zweiten Weltkrieges Umgekommenen, außerdem eine reizvolle Kirche. Hier, nordwestlich von Kostrzyn, führt eine ruhige Straße über Szumilowo (Schaumburg) und Kaleńsko (Kalenzig), mit früherer Fährstelle, durch das Odertal. Danach kommt man durch ein Waldgebiet nach Namyślin (Neumühl). Neben der Brücke über die Myśla (Mietzel) kann man am Wasser eine Rast einlegen und findet eine große Kirche sowie Mühlengebäude vor.

Durch wunderschönen Mischwald führt die Straße in Richtung Dębno (Neudamm). Nach rechts lohnt sich ein Abstecher nach Reczyce (Kutzdorfer Eisenhammer). Die historische Erzschmelze wurde schon längst für die Stromgewinnung umgebaut. Bald lichtet sich der Blick in das Tal der Myśla (Mietzel), und man kommt nach Chwarszczany (Quartschen). Hier erhebt sich neben dem Gelände des ehemaligen Templer- und Johanniterwirtschaftshofes die älteste dörfliche Backsteinkirche der Neumark. Die Wände im einschiffigen Bau mit den zierlichen Türmen sind im 14. Jahrhundert mit Gemälden ausgestattet worden, die in jüngster Zeit freigelegt wurden.

Die Euroregion Pro Europa Viadrina

Diese Region umfaßt eine Fläche von über 9000 Quadratkilometern und rund 761 000 Einwohnern beiderseits der Oder. Auf der deutschen Seite haben sich die Landkreise Märkisch-Oderland, Oder-Spree, die Stadt Frankfurt sowie einige Vereine angeschlossen.

Auf polnischer Seite gehören dem Verbund 22 Großgemeinden, davon 13 im Gebiet nördlich der Warthe an. Der Gründungsvertrag wurde im Dezember 1993 unterzeichnet. Beabsichtigt ist eine Zusammenarbeit auf vielen Gebieten:

Wirtschaft, Kultur, Sport, Bildung, Grenzverkehr, Umwelt sowie Katastrophenschutz. Das deutsche Büro befindet sich in 15230 Frankfurt/Oder, Holzmarkt 7, das polnische Büro in 66-400 Gorzow Wlkp., ul. Kazimiera Wielkego 1. Neben der Kathedrale in Gorzow bietet ein Pavillon der Euroregion den Touristen Auskünfte.

Steil bergan geht es von hier nach Sarbinowo (Zorndorf). Von der Chaussee führt eine kurze Allee zum sogenannten Friedrichshügel. Eine Steinansammlung an der Stelle des früheren Denkmals erinnert an die Schlacht bei Zorndorf im Jahre 1758. Vor der Einfahrt ist eine Schautafel mit Schlachtplan einschließlich deutschem Text angebracht. Nächste Station ist Sarbinowo (Zorndorf) mit langgestreckten Dorfteichen und ansehnlicher Kirche.

Schloß Tamsel

Über Krzesnica (Wilkersdorf), einem Ort mit früher fast 1000 Einwohnern, wird Dąbroszyn (Tamsel) erreicht. Es liegt nur sieben Kilometer von Kostrzyn entfernt und ist einen gesonderten Tagesbesuch wert. Das ganze Ensemble bis zu den jetzt in Privathand befindlichen Stallungen kann besichtigt werden. Im leider ungepflegten Park findet man noch das Denkmal mit einer Statue der Victoria (1840 vom Bildhauer Daniel Rauch), einige Skulpturen sowie wertvolle Bäume vor, im hügeligen Außenpark einen Obelisken. Die Kirche trägt seit der Umgestaltung unverkennbar Stilmerkmale von Schinkel. In der Sakristei befinden sich Standbilder des Besitzers Adam von Schöning, gestorben 1696, und seiner Frau,

Schloß Tamsel auf einem alten Stich

in der Krypta wird der restaurierte Prunksarg des Adam von Schöning aufbewahrt. Das Schloß wurde um 1680 errichtet und mehrfach umgebaut. Es wird derzeit schrittweise restauriert und zu einem polnisch-deutschen Kulturzentrum ausgebaut, das auch den Sitz der Euroregion ›Pro Europa Viadrina‹ aufnehmen soll.

Mitten im Wald, nahe der Straße nach Sarbinowo, befinden sich die mächtigen Gemäuer einer Außenfestung von Küstrin.

Südlich der Warta sind der einstige Bischofssitz Górzyca (Göritz), das Steppenreservat Owczary (Ötscher) und Słońsk (Sonnenburg) mit bedeutendem Vogelschutzreservat sowie Johanniterkirche und Zuchthausmuseum sehenswert.

Ein Bushaltepunkt liegt am Bahnhof.

Kostrzyn liegt an den Bahnlinien Berlin – Gorzów (Landsberg), Rzepin (Reppen)–Szczecin (Stettin).

Taxis gibt es am Bahnhof sowie am Basar.

Postleitzahl: 66-470; Vorwahl: 095.

Hotel und Restaurant ›Miejslki‹, Straße Piastowska 8, Tel. 752 30 41/752 30 70.
Hotel ›Odra‹, Straße Asfaltowa 2, Tel. 752 42 23.
Jugendherberge, Straße Banasza 6 (Schule Nr. 2), im Juli und August.
Restaurant ›Magic‹, Straße Piastowska 2a, Tel. 752 33 39.
Kulturhaus mit Café ›Kregielnia‹, Straße Fabryczna, Tel. 752 30 08.
Außerdem gibt es zahlreiche weitere kleinere gastronomische Einrichtungen. Im Sommer ›Schloßcafé‹ im Schloß Tamsel.
Cafe Canape, Straße Nadbrzezna 4, Tel. 752 24 62.
Cafe Iris und Cafe Rampa in der Straße Mickiewicza.
Cafe Malibu, Straße Wodna 1.
McDonalds am Basar.
Café und Übernachtungsmöglichkeit im Bildungszentrum des Nationalparkes an der Straße in Richtung Słonsk (Sonnenburg).

Museum für Naturkunde mit Schwerpunkt Vogelschutzreservat, Straße Dworcowa 7, Tel. 752 36 73. Geöffnet Di bis Sa 9 bis 13 und 15 bis 18 Uhr; mit Stadt-Information und Fahrrad-Ausleihe.
In Słońsk (Sonnenburg): Museum ›Märtyrertum‹, Straße 3 Lutego, Tel. 67 (Gemeindeamt).

Eine Tankstelle gibt es am Grenzbasar, Tel. 752 41 40, zwei weitere findet man in der Straße Gorzowska.

Dębno (Neudamm)

Für das schmucke Städtchen Dębno mit seiner wald- und wasserreichen Umgebung lohnt sich ein Tagesaufenthalt. Mittelalterliche Bausubstanz findet man zwar nicht vor, dafür aber reizvolle Parks, einen Stadtsee und eine pulsierende Atmosphäre, die zum Bummeln und Einkaufen einlädt.

Die Stadt kann auf eine lange Tradition des Handwerks zurückblicken, dazu auf die Verarbeitung von Holz und landwirtschaftlichen Produkten. In der Umgebung gibt es mehrere Naturschutzzonen.

Stadtvilla in Dębno (Neudamm), jetzt öffentliche Bibliothek und Amtsräume

Geschichte

Das Dorf Damm an der Stelle der heutigen Stadt Dębno soll aus einer slawischen Siedlung hervorgegangen sein. Wahrscheinlich ist der alte Name von der Bezeichnung ›dab‹ für Eiche übernommen worden. Der Ort wurde 1261 erstmals erwähnt, als er von den brandenburgischen Markgrafen Johann I. und Otto III. dem Templerorden überlassen wurde. Von diesem ging der Besitz an den Johanniterorden über. Zusammen mit anderen Ländereien tauschte der Markgraf Johann von Küstrin Damm im Jahre 1540 von den Johannitern gegen das Amt Schivelbein (Świdwin) ein.

Danach schenkte der Markgraf den Ort gemeinsam mit benachbarten Dörfern seiner Ehefrau, Katharina von Braunschweig. Sie ließ Glaubensflüchtlinge aus

Die kleine Kapelle in Dębno (Neudamm)

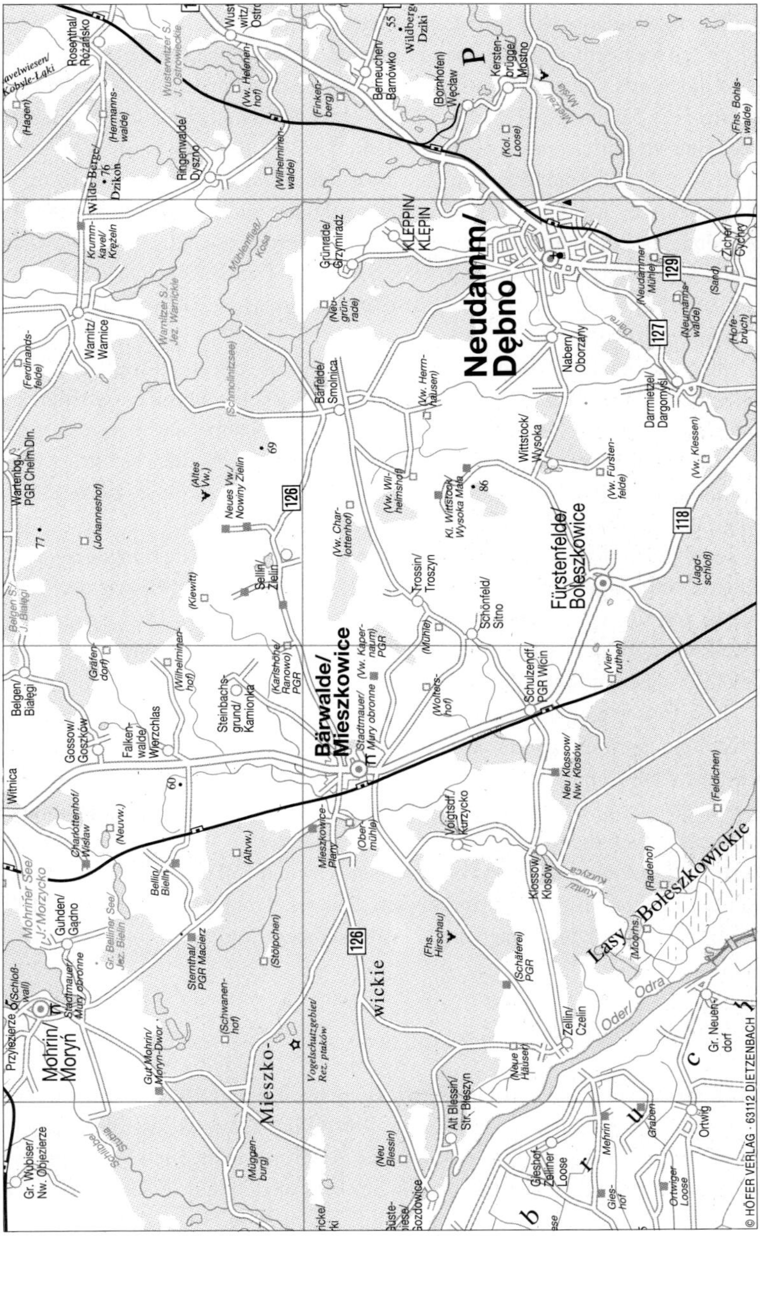
Neudamm/
Dębno
Bärwalde/
Mieszkowice
Fürstenfelde/
Boleszkowice
Mohrin/
Moryń
KLEPPIN/
KLĘPIN
Grünrade/
Grzymiradz
Barfelde/
Smolnica
Naberr/
Oborzany
Darrmietzel/
Dargomyśl
Wittstock/
Wysoka
Trossin/
Troszyn
Schönfeld/
Sitno
Schulzendf./
PGR Wilcin
Klossow/
Kłosów
Zellin/
Czelin
Alt Blessin/
Str. Błeszyn
Gr. Wubiser/
Nw. Objezierze
Przyjezierze
Guhden/
Gądno
Bellin/
Bielin
Voigtsdf./
Kurzycko
Steinbachs-
grund/
Kamionka
Gossow/
Goszków
Belgen/
Białęgi
Witnica
Wartenbg./
PGR Chełm Dln.
Warnitz/
Warnice
Krumm-
kavel/
Krężeln
Wilde Berge/
76
Dzikon
Ringenwalde/
Dyszno
Rosenthal/
Różańsko
Berneuchen/
Barnówko
Wildberg
Dziki
(Bornhofen)
Węcław
Kersten-
brügge/
Mostno
Sellin/
Zielin
Mieszkowice-
Plany
Lasy Boleszkowickie
Mieszko-
wickie
Oder/ Odra
Gr. Neuen-
dorf
Ortwig
Gieshof-
Zelliner
Loose
Mehrin
Graben
Vogelschutzgebiet/
Rez. ptaków
126
127
129
118
P
c
u
r
b
© HÖFER VERLAG · 63112 DIETZENBACH

den Niederlanden ansiedeln, die das Tuchmachergewerbe mitbrachten. Schule und Kirche wurden errichtet und die Siedlung 1562 zur Stadt erhoben. Etwa seit dieser Zeit trug der Ort den Namen Neudamm. Schon damals gab es eine Papiermühle, die ihre Erzeugnisse unter anderem nach Berlin und Frankfurt an der Oder lieferte. Seit 1568 liegen Druckwerke aus einer Neudammer Druckerei vor, darunter eine Visitationsordnung aus dem Jahre 1573.

Neudamm war eine blühende Gewerbestadt, bis sie durch Verwüstungen im Dreißigjährigen Krieg herbe Rückschläge erdulden mußte. Aber im 18. und 19. Jahrhundert setzte sich die Entwicklung zum Wirtschaftsstandort fort. Die wichtigsten Gewerbe waren die Wollweberei und die Tuchmacherei. Hinzu kamen Fabriken für die Herstellung von Filzhüten, die sogar im Ausland einen bedeutenden Absatz hatten.

Über die damalige Neumark hinaus bekannt wurde ein durch Julius Neumann 1872 gegründeter Verlag. Seine Abnehmer für Bücher und Zeitschriften der Gebiete Jagd, Forst, Fischerei, Landwirtschaft und Naturschutz waren über den gesamten deutschsprachigen Raum verstreut. Seit dem Zweiten Weltkrieg wirkt das Verlagshaus in Melsungen weiter. In Radebeul gab es einen zweiten Neumann-Verlag für das Gebiet der DDR.

Vor allem nach der Anlage einer befestigten Straße in die Richtungen Kostrzyn (Küstrin) und Myślibórz (Soldin) im Jahre 1852 und der Eröffnung der Bahnstrecke von Kostrzyn nach Stargard Szcz. (Stargard) im Jahre 1882 gab es nochmals einen wirtschaftlichen Aufschwung, so daß um die Jahrhundertwende etwa 8300 Menschen in Neudamm lebten.

Nach 1945 wurde die Stadt vorübergehend zum Sitz einer polnischen Kreisverwaltung, weil die vorherige Kreismetropole Königsberg (Chojna) stark zerstört war. Man nannte sie zunächst Nowy Dąb (Neue Eiche). Die traditionsreiche Wirtschaft wurde bald wiederbelebt und durch Maschinenbauindustrie sowie Lebensmittelverarbeitung ergänzt.

Nun wendet man sich auch dem Tourismus zu und will mit der günstigen Lage nahe der Grenze ein guter Gastgeber sein. Seit der Neubildung von Kreisen 1999 gehört Dębno mit Umgebung zum Kreis Myślibórz (Soldin).

Ein Stadtrundgang

Durch die besondere historische Entwicklung blieben von den einstigen bescheidenen Stadtbefestigungen keine Reste übrig. Das markanteste Bauwerk von Dębno ist die Hauptkirche im Zentrum, die den Namen Peter und Paul trägt. Der imposante neoromanische Bau entstand um 1850 an der Stelle einer älteren abgerissenen Kirche. Er ist der Berliner Matthäuskirche von Friedrich August Stüler

(1800–1865), die nahe der Potsdamer Straße im Berliner Bezirk Tiergarten steht, nachempfunden worden. Die Ähnlichkeit ist jedoch nur äußerlich. Das Gotteshaus von Dębno ist im Chorraum mit einem schönen Mosaik ausgestattet, auch kann man Plastiken und Gemälde bewundern. In der Kapelle wurde ein bis 2002

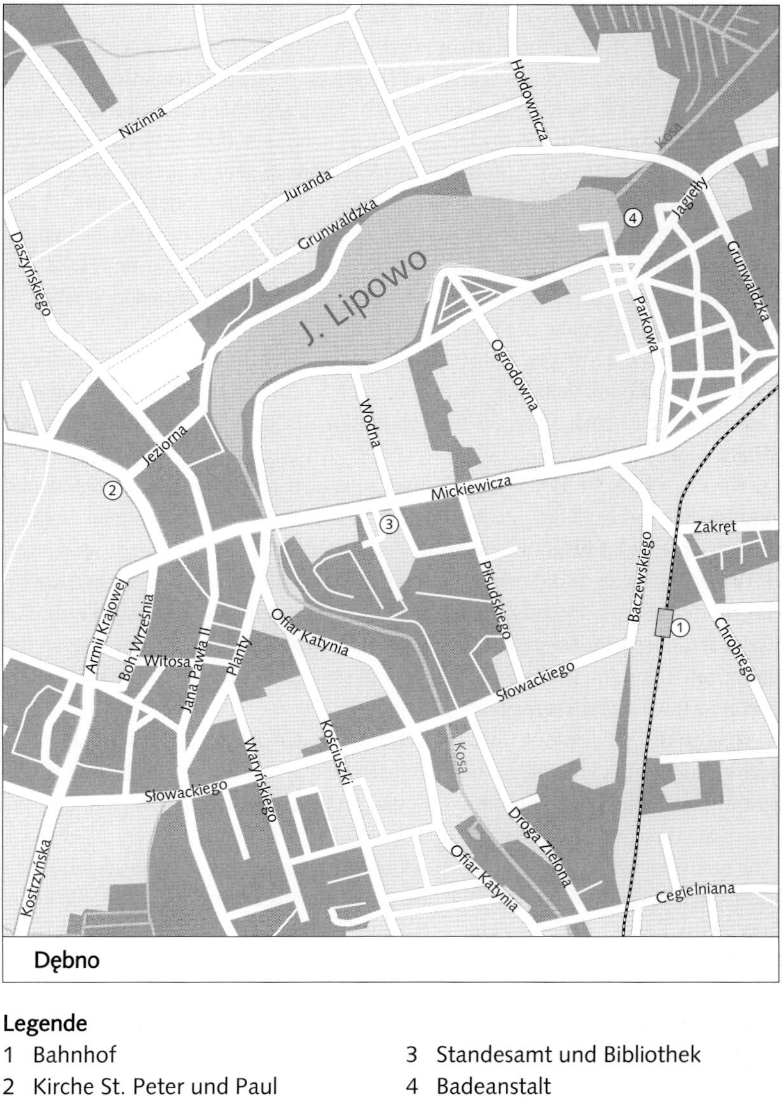

Dębno

Legende

1 Bahnhof
2 Kirche St. Peter und Paul
3 Standesamt und Bibliothek
4 Badeanstalt

restaurierter prunkvoller Barocksarkophag aufgestellt, den man 1994 in einer Friedhofsgruft fand und der 1996 in das Denkmalsregister aufgenommen wurde. Das Pfarramt befindet sich auf dem großen Hof neben der Kirche.

Man startet den Rundgang am Gotteshaus und läuft vom langgestreckten Rynek (Markt) ein Stückchen an der Straße in Richtung Kostrzyn entlang. Hier sind ein Gefallenendenkmal und links eine niedliche farbige Kapelle zu besichtigen.

Um zurück ins Zentrum zu kommen, hält man sich rechts, durchquert den Basar mit seinem breiten Angebot und erreicht die Hauptgeschäftsstraße, die Aleja Mickiewica (früher Soldiner Straße). Sie bietet nicht nur vielfältige Einkaufsmöglichkeiten, sondern auch zahlreiche schöne Villen, in denen zum Teil Büros untergebracht sind. Auffallend attraktiv, ganz in gelb, zeigt sich ein Gebäude, das als Standesamt und Bibliothek genutzt wird. Unter seiner Kuppel ist das Motiv des Stadtwappens aus der früheren deutschen und aus der heutigen polnischen Zeit angebracht, ein auf seinen Hinterbeinen schreitender Löwe. Da das alte Rathaus im Krieg zerstört wurde, ist die Verwaltung von Stadt und Gemeinde in einem neueren Bau nahe der Hauptstraße untergebracht.

Quer durch die Stadt zieht sich der Lauf des Flüßchens Kosa (Mühlengraben). An seinen Ufern mit dem Park, in dem es auch Sitzplätze gibt, kann man gut eine Pause einlegen. Auch Holzplastiken in folkloristischem Stil finden sich in den Grünanlagen.

Wo die städtische Bebauung aufhört, geht es nach rechts zum Bahnhof und zum Bushaltepunkt. Dort gabeln sich auch die Straßen in die Richtungen Gorzów (Landsberg) und Myślibórz (Soldin). An diesem Schnittpunkt biegt man nach links ein, und zwar in die ruhige Straße Parkowa (die frühere Seeberger Straße). Sie führt zwischen Grundstücken und einem Park auf die Badeanstalt zu. An ihrem Beginn rechts liegt der Gedenkhain mit Granitstein zur Erinnerung an die deutschen Toten bis 1945, denn hier befand sich zur deutschen Zeit ein Friedhof und etwas weiter der ehemalige Gutshof.

Bald ist der See Lipowo (Stadtsee) erreicht, in den, aus einem urwüchsigen Tal kommend, das Flüßchen Kosa mündet. Man geht an der gut ausgestatteten Badeanstalt entlang und nutzt anschließend den schönen Promenadenweg am gewundenen Seeufer für den Rückweg.

Unterwegs kann man auf einer Bank rasten oder ein Bad nehmen. Schließlich ist an einer Engstelle des Sees eine hölzerne Fußgängerbrücke erreicht, die überquert wird. Rechts sieht man eine Freilichtbühne und etwas weiter das städtische Kulturhaus. Gleich darauf befindet man sich wieder vor der Stadtkirche. Damit ist der Rundgang geschlossen.

Beim Umwandern des Sees am gegenüberliegenden Ufer ist zu sehen, daß in Dębno viele neue Einfamilienhäuser gebaut werden. Überhaupt macht die Stadt nicht nur einen freundlichen, sondern auch einen wohlhabenden Eindruck.

Die Peter-und-Paul-Kirche in Dębno ist ein markantes Bauwerk im neoromanischen Stil

Die Umgebung

Der See von Ostrowiec (Wusterwitz) lädt zum Wandern und Baden ein

Der Fluß Myśla (Mietzel) umfließt in einem Bogen durch wundervolle Wälder die Stadt. Zahlreiche Nebengewässer ergänzen das Landschaftsgepräge, das viele Angler, Beerenpflücker und Pilzsucher anlockt.

Im Osten erstreckt sich der Forst von Mosina (Massiner Heide). Die Kopfsteinstraße führt zunächst nach Mostno (Kerstenbrügge). Gleich hinter dem Ort führt die Brücke über die Myśla. Zurück kommt man weiter nördlich auf Asphalt, immer nahe des Flusses nach Węcław (Bornhofen). Vorbei an Ziegeleigebäuden und nach Überquerung der Myśla und der Bahnstrecke wird die Chaussee nach Barnowko (Berneuchen) erreicht, das einst eine städtische Siedlung war.

Nördich von Dębno liegt an der Straße hinter Barnowko der Ort Ostrowiec (Wusterwitz). Links breitet sich der 116 Hektar große See des Dorfes aus. Er ist Naturschutzgebiet für Fischreiher. Auch Welse soll es hier geben. Mit einer Insel, Buchten und einem Wald- und Schilfgürtel ist der See ein landschaftliches Kleinod. Im früheren Gutspark besteht ein Campingplatz mit Holzhäusern sowie eine Badestelle. Am nördlichen Dorfausgang wurde 1994 ein Gedenkstein für die hier bis 1945 bestatteten deutschen Toten aufgestellt.

Das Herrenhaus im Nachbardorf Dyszno (Ringenwalde) ist wie das von Ostrowiec ein Opfer des Krieges geworden. Es gehörte einst Alexander von Humboldt (1769–1859). Etwas weiter westlich liegt Warnice (Warnitz). Das große Schloß des einst umfangreichsten Grundbesitzes der Neumark befindet sich leider in einem schlechten Zustand.

In Smolnica (Bärfelde), wieder etwas näher nach Dębno, fällt die mächtige alte Kirche aus Feldsteinen auf. Hier sind das reizvolle Herrenhaus und der Park in einem guten Zustand, was dem Umstand zu verdanken ist, daß darin eine Bildungseinrichtung untergebracht ist.

Westlich von Dębno liegt Oborzany (Nabern). Auch hier ist die Dorfkirche sehenswert. Nach Südwesten führt eine Straße fast parallel zur Myśla in Richtung Oder. Der nächste Ort heißt Dargomyśl (Darrmietzel). Neben einem Mühlengebäude befindet sich ein Teich. Schließlich gehört zum Kranz der wohlhabend anmutenden Dörfer um Dębno noch Cychry (Zicher) im Süden.

Naturverbundene Wanderer kommen am Flußlauf der Mysla auf ihre Kosten und stoßen vielleicht an einem kleinen See südlich der Stadt auf die Überreste der einstigen land- und forstwirtschaftlichen Versuchsanstalt Neumannswalde. Mehrere Wanderrouten in der Umgebung sind markiert.

Postleitzahl: 74-400; Vorwahl: 095.
Die Entfernung vom Grenzübergang Küstrin-Kietz nach Dębno beträgt etwa 20 Kilometer, von Hohenwutzen etwa 50 Kilometer.

Ein Bushaltepunkt befindet sich am Bahnhof, ebenso ein Taxistand.

Hotel ›Miejski‹, Straße Kosciuszko 5, Tel. 760 24 22.
Hotel mit Restaurant und Saal Straße Mickiewicza 36, Tel/Fax 760 48 81 bis 82.
Hotel ›Czana‹, Straße Lesna 20, Tel 760 41 12.
Eine Jugendherberge befindet sich im Schülerheim, Straße Buczka 8, Tel. 60 29 36.

Zahlreiche weitere Möglichkeiten: Bar ›Universal‹, Straße Baczewskiego 7, ›Bistro 44‹, Straße Boh. Wrzesnia, Bistro ›Pod Lipa‹, Straße Baczewskiego, ›Mala Gastronomia‹, Straße Mickiewicza 1, Bar ›Turtex‹, Straße Mickiewicza, Cafe ›Walencja‹, Straße Planty 7, Cafe ›Duet‹, Straße Daszynskiego 20; Drink-Bar ›Giso‹, Straße Mickiewicza 37; Café und Kulturhaus, Straße Daszyńskiego 20.

Der Campingplatz liegt in der Straße Jagiełly 1, Tel. 760 24 36; ein weiterer Campingplatz liegt am See von Ostrowiec (Wusterwitz), etwa zehn Kilometer von Dębno entfernt.

Tankstellen sind an den Straßen Chojenska, Poprzeczna und Wloscianska.

Mieszkowice (Bärwalde)

Mieszkowice ist ein wichtiger Ausgangspunkt für Exkursionen in das Odertal. Es wird in diesem Abschnitt von einem größtenteils bewaldeten Höhenzug begrenzt, der das Pendant zum Oderbruch auf deutscher Seite darstellt.

Von der mittelalterlichen Bausubstanz der Siedlung ist noch manches erhalten. Eine besondere Ausstrahlung geht vom Marktplatz aus, auf dem sich das Standbild von Mieszko I. erhebt, des ersten polnischen Herzogs. Die Umgebung ist durch weite Ebenen mit landwirtschaftlicher Nutzung und durch Wälder geprägt.

Geschichte

Ein Burgwall am See nahe Mieszkowice weist darauf hin, daß es hier eine slawische Besiedlung gab. Der Legende nach soll Mieszko I. an dieser Stelle einen Ort gegründet haben. Damals, im 10. Jahrhundert, hatten die Polanen ihren Machtbereich bis an die Oder ausgeweitet und zeitweilig die nördlicher siedelnden Pomeranen unterworfen.

Die deutsche Stadterrichtung des 13. Jahrhunderts erfolgte mit gitterförmigem Straßennetz und großem rechteckigen Markt. Wahrscheinlich war ein Ritter namens Behr der adlige Besiedler. 1298 trat Bärwalde erstmalig auf einer Urkunde als Stadt

In der Ackerbürgerstadt Mieszkowice (Bärwalde)

in Erscheinung. Um diese Zeit hielten sich die brandenburgischen Markgrafen hier oft auf. Im Jahre 1319 starb in Bärwalde der letzte askanische Markgraf Waldemar, auch Woldemar genannt.

Die Stadt war im 14. Jahrhundert der Mittelpunkt eines Territoriums, das 29 Dörfer umfaßte, und als Immediatstadt direkt dem Kaiser unterstellt. In jenen Jahren breitete sich um Bärwalde die Ketzerbewegung der Waldenser aus.

Der Pulverturm in Mieszkowiece

Die Verwüstungen und Leiden während des Dreißigjährigen Krieges hat der Pfarrer Elias Löckel in seiner ›Marchia Illustrata‹ geschildert. Der schwedische König Gustav Adolf hat hier im Jahre 1631 ein Bündnis mit Frankreich geschlossen. Damals war die Einwohnerzahl durch Krieg und Seuchen bis auf 30 zurückgegangen, im Jahr 1750 lebten in Bärwalde wieder etwa 1500 und 1850 über 3500 Menschen. Ihre Haupterwerbsquellen waren Ackerbau und Viehzucht.

1877 erhielt die Stadt eine Bahnverbindung nach Küstrin und Stettin. In den gleichen Richtungen verliefen auch die wichtigen Straßen. Größere Industrien siedelten sich nicht an, so daß sich die Stadt bis heute ihren idyllischen Charakter erhalten konnte.

In der polnischen Zeit kam zur Rolle eines landwirtschaftlichen Versorgungs- und Ausbildungszentrums für das Umland noch die als Basis für touristische Vorhaben in der Umgebung bis in das Odertal hinzu. Lohnenswert ist aber auch die Besichtigung der Stadt selbst.

Ein Stadtrundgang

Vielleicht kommt man in Mieszkowice mit dem Zug am etwas außerhalb der Stadt befindlichen Bahnhof an. Seinem Ausgang gegenüber führt ein Fußweg durch die Gasse Łaczna (Bahnsteig), vorbei an den alten Gebäuden von Molkerei, Dampfmühle und Ziegelei über eine Niederung auf die Stadtmauer zu.

Man hält sich rechts und kommt neben der Befestigung an der Ausfallstraße Richtung Kostrzyn heraus. Rechts hinter der Brücke über das Flüßchen Kurzyca (Kuritz) liegt das Kulturhaus. Man bleibt aber an der Mauer und erblickt bald den von Schilf fast zugewachsenen See Mieszkowickie (Großer See). Zwischen dem See und der Stadt ist das Gelände zunächst unbebaut. Dann kommen wieder Häuser und links der mächtige Pulverturm, der zugleich einen Durchblick in das Stadtinnere ermöglicht.

Die St. Marienkirche ist das bedeutendste Bauwerk der Stadt

Außerhalb der Mauer folgt ein Park mit Freilichtbühne. Man kann sich gut vorstellen, vor der original mittelalterlichen Kulisse Zeuge der Inszenierung historischer Dramen zu werden. Von hier führt der Weg in das Zentrum. Auf dem Marktplatz angekommen, kann man das Standbild von Mieszko I. bewundern. Nach ihm ist die Stadt 1945 umbenannt worden. Die Polen verehren diese Persönlichkeit als den Schöpfer ihres Nationalstaates sehr.

Auf dem Marktplatz laden Sitzplätze zu einer Rast ein. In den Geschäften und Kiosken, die rund um den Platz liegen, kann man sich Verpflegung holen oder Souvenirs erwerben. Das Rathaus vom Anfang des 19. Jahrhunderts steht hinter dem Denkmal und macht einen schmucken Eindruck. In ihm ist auch die Bibliothek untergebracht.

Bedeutendstes Bauwerk der Stadt ist die mächtige Pfarrkirche (Sankt Marien), die erstmalig im Jahre 1297 urkundlich erwähnt wurde. Sie erhebt sich hinter dem Rathaus. Ursprünglich ein einschiffiger gotischer Feldsteinbau, wurde sie im 14. und 15. Jahrhundert mit Backsteinen ausgebaut und erweitert. Neben dem wunderschönen Sterngewölbe im Mittelschiff findet man in den niedrigen Seitenschiffen Kreuzgewölbe vor. Auf jeden Fall lohnt es sich, das Innere des Gotteshauses zu besichtigen.

Anschließend läuft man parallel zum Markt, durch die Straße Zymierskiego (Breite Straße) zurück. Dabei fallen wie schon vorher zahlreiche Fachwerkhäuser aus dem 18. Jahrhundert auf. Nach links führt der Weg an der Mauer aus der Stadt.

Es folgt eine belebte Kreuzung mit Gaststätte, Geschäften und Bushaltepunkt. Man hält sich weiterhin links und wandert auf der Straße Poniatowskiego in Richtung Eisenbahnunterführung. Links hat man zwischendurch schöne Sichten auf das Panorama der Altstadt.

Ein Teil der Stadt liegt auf der anderen Seite der Eisenbahnlinie im landschaftlich reizvollen Tal der Kurzyca (Kuritz). In der 1914 eingeweihten landwirtschaftlichen Frauenschule Luisenhof rechts von der Straße ist jetzt ein Landwirtschaftstechnikum untergebracht. Links befinden sich sumpfiges Gelände und Teiche. Dahinter führt eine Straße zu Sportplätzen sowie zum Hotel und Restaurant ›Mieszko‹. Hier kann man in einer ruhigen Atmosphäre einkehren oder übernachten. Zurück geht die Wanderung am besten wieder durch die Bahnunterführung.

Die Umgebung

Östlich von Mieszkowice, etwa sechs Kilometer entfernt, liegt Zielin (Sellin). In diesem großen Bauerndorf ist der Dichter Gottfried Benn (1886–1956) als Pfarrerssohn aufgewachsen. Um das hübsche Herrenhaus und die alte Kirche herum sowie auf den ebenen Feldern spürt man noch die ländlich-ruhige Atmosphäre, die Benn in Lyrik und Erinnerungen beschrieben hat.

›Kindheitserde‹

… Als ich ein halbes Jahr alt war, zogen meine Eltern nach Sellin in der Neumark; dort wuchs ich auf. Ein Dorf mit siebenhundert Einwohnern in der norddeutschen Tiefebene, großes Pfarrhaus, großer Garten, drei Stunden östlich der Oder. Das ist auch heute noch meine Heimat, obgleich ich niemanden dort mehr kenne, Kindheitserde, unendlich geliebtes Land… Dort wuchs ich mit den Dorfjungen auf, sprach platt, wurde mit den Arbeiterjungen zusammen eingesegnet, fuhr mit den Erntewagen in die Felder, auf die Wiesen zum Heuen, hütete die Kühe, pflückte auf den Bäumen die Kirschen und Nüsse, klopfte Flöten aus Weidenrute, nahm Nester aus.

Ein Pfarrer bekam damals von seinem Gehalt noch einen Teil in Naturalien, zu Ostern mußte ihm jede Familie aus der Gemeinde zwei bis drei frische Eier abliefern, ganze Waschkörbe voll standen in unseren Stuben, im Herbst jeder Konfirmierte eine fette Gans. Eine riesige Linde stand vorm Haus, steht noch heute da, eine kleine Linde wuchs auf dem Haustor, wächst noch heute dort, ein uralter gemauerter Backofen lag abseits im Garten. Unendlich blühte der Flieder, die Akazien, der Faulbaum. Am zweiten Ostermorgen schlugen wir uns mit frischen Reisern wach. Ostaras Wecken, alter heidnischer Brauch; Pfingsten stellten wir Maien vor die Haustür und Kalmus in die Stuben.

Dort wuchs ich auf, und wenn es nicht die Arbeiterjungen waren, waren es die Söhne des ostelbischen Adels, mit denen ich umging. Diese alten preußischen Familien, nach denen in Berlin die Straßen und Alleen heißen, ganze Viertel, die berühmten friderizianischen und dann die bismarckschen Namen, hier besaßen sie ihre Güter, und mein Vater hatte einen ungewöhnlichen seelsorgerischen Einfluß gerade in ihren Kreisen. Alle diese Geschlechter der Schwedter Dragoner und der Fürstenwalder Ulanen, die Traditionshäuser der Bonner Preußen und der Heidelberger Sachsenpreußen, ihre Söhne waren der zweite Schlag, mit dem ich groß wurde, später zum Teil in gemeinsamer Erziehung, und mit dem mich noch heute eine vielfältige Freundschaft verbindet.

aus: Gottfried Benn, ›Erinnerungen‹

Gottfried Benn als Zehnjähriger

Landschaft bei Czelin (Zellin)

Südöstlich ist auf der Straße Richtung Kostrzyn nach zehn Kilometern Boleszkowice (Fürstenfelde) erreicht. Das alte Ackerbürgerstädtchen macht einen dörflichen Eindruck. Anstelle der mittelalterlichen Kirche imponiert das seit 1858 bestehende große neogotische Gotteshaus.

In mehreren der abgelegenen Dörfer bei Mieszkowice, die von fruchtbarem Acker- und Weideland umgeben sind, findet man sehenswerte Kirchen vor. Hingewiesen sei auf die Gotteshäuser in Klosow (Klossow), Kurzycko (Voigtsdorf), Troszyn (Trossin) und Wierzchlas (Falkenwalde).

Südöstlich ist man nach rund 10 Kilometern in Czelin (Zellin) an der Oder. Die schmucke gotische Feldsteinkirche des Ortes wurde 1827 nach Plänen von Karl Friedrich Schinkel (1781–1841) umgebaut. Weithin sichtbar ist die Turmhaube. An der Stelle, an der hier am 27. Februar 1945 der erste polnische Grenzpfahl in die Erde gesetzt wurde, befindet sich eine Erinnerungsstätte mit Obelisk. Von den Oderhängen kann man weit hinüber in das Bruch auf der deutschen Seite blicken.

Flußabwärts folgen mehrere Stätten zur Erinnerung an die Kämpfe, die im Zweiten Weltkrieg hier tobten. In Gozdowice (Güstebiese), wo ein Grenzübergang per Fähre geschaffen werden soll, gibt es ein Denkmal und ein Museum zu Ehren der Pioniersoldaten der 1. Polnischen Armee sowie eine steinerne Wand, auf der die Landkarte von Polen dargestellt ist.

Der Gedenkfriedhof in Siekierki (Zäckerick)

An der Oder und am sogenannten Schmökelberg sind Aussichtsbänke aufgestellt. Hier erinnert ein Denkmalfundament auch daran, daß Friedrich der Große 1758 vor der Schlacht bei Zorndorf (heute Sarbinowo) mit seinem Heer die Oder überquerte. An dieser Stelle legte der Mathematiker Leonhard Euler im Juli 1753 den Durchstich für den neuen Oderkanal und somit für die Kolonisierung des Bruches fest.

In Stary Łysogórki (Altlietzegöricke) befindet sich ein Gedenkstein mit Anker. Auch alte Fachwerkhäuser kann man bewundern. In Siekierki (Zäckerick) sind die polnischen gefallenen Soldaten auf einem mit 1000 symbolischen Kreuzen und Denkmal gestalteten Friedhof bestattet. Neben dem Panzermonument an der Straße befindet sich ein Museum. Von der modernen Kirche des Ortes, die den Kriegsopfern gewidmet ist, hat man einen weiten Blick über die Oder.

Zwischen diesen Orten an der Oder führt die Straße durch eine reizvolle Landschaft und von Gozdowice durch ein großes Waldgebiet zurück nach Mieszkowice. Diesen Landstrich kann man auch auf Wanderwegen durchstreifen, etwa bis zu einem Vogel-Naturschutzgebiet und weiter zum romantischen Tal des Flüßchens Słubia (Schlibbe), das aus dem See von Moryń (Mohrin) entspringt.

Die Entfernung von den Grenzübergängen Küstrin-Kietz beträgt etwa 30 Kilometer, von Hohenwutzen aus sind es etwa 35 Kilometer.

Mieszkowice liegt an der Bahnstrecke Kostrzyn (Küstrin)–Szczecin (Stettin).

Postleitzahl: 74-505;
Vorwahl: 091.

Informationen für deutsche Touristen bei: Elvira Profe-Markiewicz, Straße Chojenska 23, Tel 402 14 71.

Campingplatz, Straße Kusocińskiego.

Museum über die polnischen Pioniereinheiten in Gozdowice (Güstebiese), Tel. 414 52 64 und 414 52 10; geöffnet von Di bis Sa 10 bis 16 Uhr.
Museum über die polnischen Kämpfe an der Oder in Siekierki (Zäckerick) und Friedhof, Tel. 414 52 64, geöffnet täglich 10 bis 17 Uhr.
Die Messen in der Kirche ›Heilige Mutter Gottes an der Oder, Königin des Friedens‹ werden täglich um 17 Uhr sowie sonntags um 13 Uhr gefeiert.

Hotel und Restaurant ›Mieszko‹, Straße Kusocińskiego 1, Tel. 14 52 03; Jugendherberge, Straße Sienkiewicza 56.
Restaurant ›Dabrowka‹, Straße Slowackiego, Tel. 414 50 93.
Bar-Disco ›Piccolo‹, Platz Wolnosci, Kulturhaus, Straße Kosziuszki 44, Tel. 414 53 39.

Tankstelle, Straße Warszawska 15, Tel. 14 52 07.

Die Gedenkkirche in Siekierki (Zäckerick) und die vor ihr befindliche schlichte Marienfigur erhielten 1984 den Status eines Wallfahrtsortes (Sanktuarium)

Moryń (Mohrin)

Die Sage vom großen Krebs im Mohriner See hat die kleine Ackerbürgerstadt schon im 19. Jahrhundert über die frühere Neumark hinaus berühmt gemacht. Übernommen wurde bis in die polnische Zeit nicht nur diese Legende. Geblieben sind auch die wundervolle Erholungslandschaft und das Kolorit des alten Mohrin mit Stadtmauer, Kirche und geduckten Häuserzeilen. Hier läßt sich geruhsam ein Urlaub am See verbringen oder in der Stadt bummeln. Für Ausflüge gibt es zahlreiche geschichtsträchtige Stätten in der Umgebung.

Der Sage nach liegt der große Krebs angkettet auf dem Grunde des Mohriner Sees. Der Krebs, so berichtet man, rüttelt zuweilen gewaltig an seinen schmiedeeisernen Ketten und will sich befreien. Dann heult, braust und tost der See, und es entstehen Sturm und Unwetter, als wolle die Stadt und die Welt untergehen.

Sollte es dem Krebs einmal gelingen, sich zu befreien, würde es in der Welt mit allem rückwärts gehen, und alle Errungenschaften der Neuzeit, an denen ja auch schon Mohrin seinen Anteil besitzt, gingen wieder verloren.

Geschichte

Es wird vermutet, daß am buchtenreichen See von Moryń bereits in vorgeschichtlicher Zeit gesiedelt wurde. Auf einer Halbinsel konnte eine frühdeutsche Hügelburg nachgewiesen werden. An ihrem Standort erbaute 1365 der brandenburgische Markgraf Otto die ›Stolzenburg‹, die aber schon um 1400 verfallen ist.

Gründer der Stadt war vermutlich der Ritter Otto von Barmenstede. 1265 gab es die erste urkundliche Erwähnung des Ortes, als dieser Adlige das Patronat über die Kirche abtrat. Im Jahre 1306 wurde Mohrin als Stadt aufgeführt. Die Hussiten zerstörten sie 1433, und bis zum 18. Jahrhundert brannte sie noch mehrmals ab. Da die Lage abseits von großen Verkehrsstraßen ungünstig war, entwickelte sich Mohrin kaum weiter. Gerade diese Abwesenheit von Industrie, Verkehr und Hektik wird heute als Vorteil empfunden, denn es hat sich hier bis in die Gegenwart eine Idylle erhalten.

Haupterwerbsquellen der Einwohner waren die Landwirtschaft und der Fischfang, daneben die Leinenweberei und die Schuhmacherei. Um das Jahr 1850 hatte die Ackerbürgerstadt 1427 Einwohner, 1939 waren es nur noch 1227. Bereits zur deutschen Zeit kamen aber viele Sommergäste hinzu. Damals gab es sogar eine Bahnverbindung nach Berlin.

Um 1900 entstanden die sogenannten Kochschen Anstalten. Ein aus Mohrin stammender Dr. Koch hatte testamentarisch den Bau dieser Einrichtung für Kinder aus armen Verhältnissen verfügt. Heute sind hier psychisch kranke Kinder untergebracht. Nach 1945 sind einige Wohnblocks hinzugekommen, ansonsten hat sich wenig an der Atmosphäre der kleinen Stadt und ihrer Umgebung verändert. Es gibt allerdings in jüngerer Zeit wieder mehr touristische Unterkünfte und Versorgungseinrichtungen.

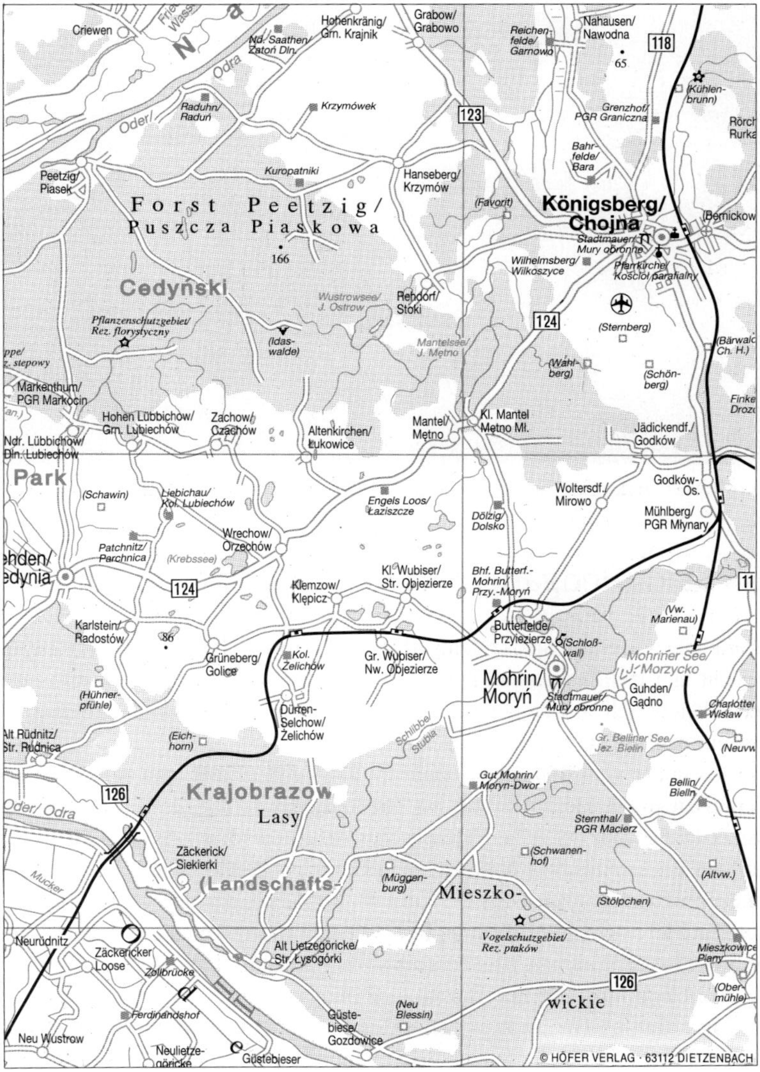

Das Seetor in der Stadtmauer von Moryń (Mohrin)

Ein Stadtrundgang

Treffpunkt für einen Spaziergang ist der Marktplatz (Platz Wolnosci). Leider besteht hier das Restaurant ›Zum großen Krebs‹ (Pod wielkem rakiem) nicht mehr. Unübersehbar war nämlich auf dem Flachbau das Tier plastisch dargestellt und erinnerte an die erwähnte Sage.

Gegenüber vom Rathaus aus dem 19. Jahrhundert geht man auf der Straße Zeromskiego (Mühlenstraße) bis zur Straße Rynkowa (Ringstraße). An ihr folgt rechts das Gelände der früheren Kochschen Anstalten. Man sollte das Grundstück mit den Backsteinbauten betreten, denn gleich im Eingangsbereich erhebt sich zwischen Blumenanlagen das Denkmal für Dr. Koch, das ihm aus Dankbarkeit von den Mohrinern gesetzt wurde. Beim Weiterwandern kommt man an die offene Stelle in der Stadtmauer, an der früher das Bärwalder Tor stand.

Man bleibt innerhalb der Altstadt, und immer entlang an alter, ein- bis zweistöckiger Bausubstanz geht es nun etwas bergan. Breite Toreinfahrten zeugen davon, daß früher hier die Ackerbürger mit den Pferdewagen in die Höfe fuhren.

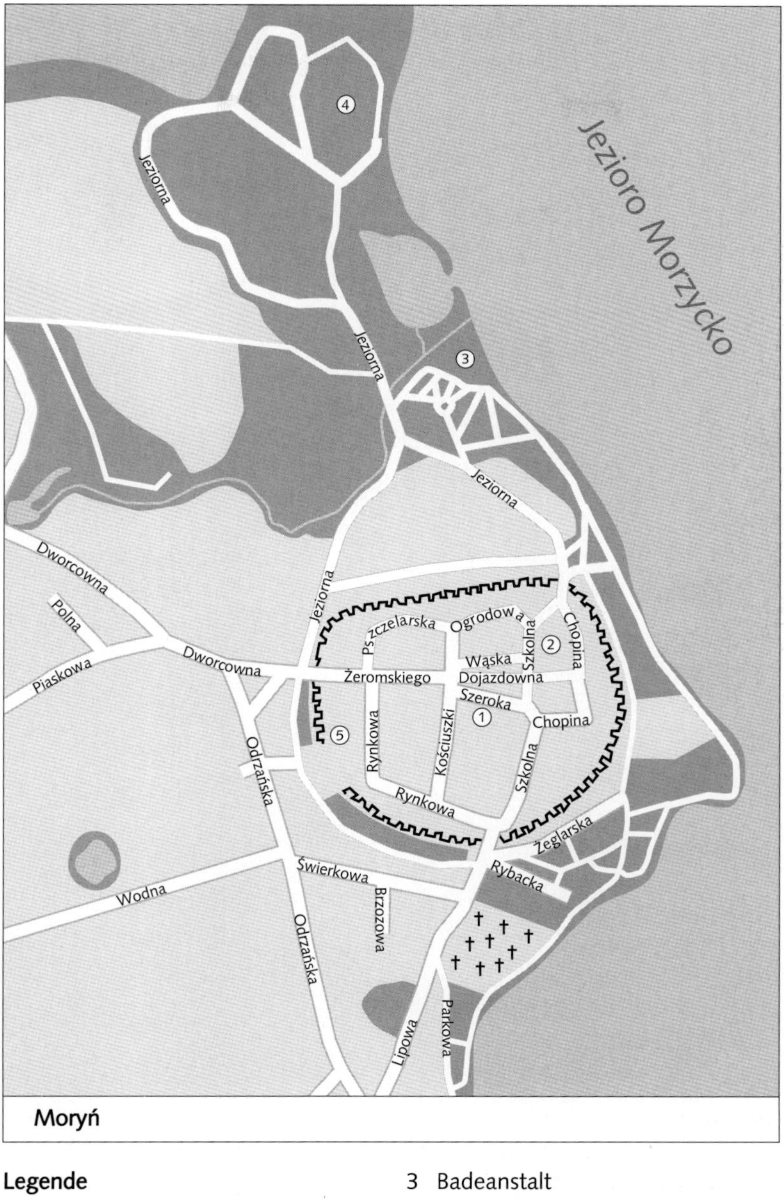

Moryń

Legende

1 Touristen-Information
2 Stadtkirche
3 Badeanstalt
4 Erholungszentrum ‹Savana‹
5 Koch'sche Anstalten

Die frühgotische Feldsteinkirche von Moryń

Rechts folgt die dreischiffige Kirche. Sie ist ein bemerkenswert großer Feldsteinbau aus dem 13. Jahrhundert. Zwischen dem Langhaus und dem im 14. Jahrhundert angebauten Turm besteht eine Durchfahrt. Sehenswert sind unter anderem die barocke Kanzel und Reste gotischer Wandmalerei. Hier wirkte einst der Vater des Dichters Gottfried Benn als Pfarrer.

Ein Stückchen hinter der Kirche verläßt man die Altstadt durch das Seetor (Furta jeziorna), das jedoch kein typisches Stadttor für diese Region darstellt, sondern aus einer Mauerlücke besteht, über die sich ein Torbogen spannt. Entlang der gut erhaltenen Stadtmauer ziehen sich Gärten hin. Nach rechts geht es talwärts zum See und an ihm entlang zur Badeanstalt. Das große Gewässer ist das sauberste und tiefste – bis 58,5 Meter – weit und breit. Auf halbem Wege zur Badeanstalt befinden sich einige Urlaubereinrichtungen mit hölzernen und massiven Gebäuden.

Wenn man auf der schmalen Asphaltstraße bleibt, führt der Weg zu dem auf einer idyllischen Halbinsel (mit Burgwall) gelegenen Erholungs- und Urlaubszentrum ›Savana‹. Es verfügt über Quartiere unterschiedlicher Art und ist mit allem ausgestattet, was Angler und Wassersportler benötigen. Vor dem Flüßchen Słuba (Schlibbe), das hier dem See entspringt, zweigt nach links eine Straße ab. Auf ihr kann man zurückwandern. Zuerst ist man direkt am Flußtal, dann kommt man der Stadtmauer immer näher, um schließlich an der Straße Zeromskiego wieder am Ausgangspunkt anzulangen.

Stadtauswärts führt hier die Straße Dworzowa (Bahnhofstraße), vorbei an der einstigen Stadtmühle, in die Richtungen Cedynia (Zehden) und Chojna (Königsberg/Neumark).

Die Umgebung

Östlich von Moryń, am jenseitigen Seeufer, liegt Gądno (Guhden). Hier gibt es einen schönen Sandstrand und Quartiere in Campinghäusern. Einige Kilometer weiter kommt man zum Bahnhof und dann zum großen Dorf Witnica (Vietnitz). Sehenswert sind die alte Kirche mit wertvoller Barockausstattung und einem Renaissancetor, der Park mit seiner Fasanerie und der große Gutshof. Etwas südlich liegt Bielin (Bellin) mit einem Gestüt auf dem alten Gutshof und dem zum Hotel und Restaurant umgestalteten alten Herrenhaus.

Westlich von Moryń erinnert in Nowe Objezierze (Groß Wubiser) die später umgestaltete Feldsteinkirche mit dem mittelalterlichen Portal daran, daß im 14. und 15. Jahrhundert in dieser Region die Ketzerbewegung der Luciferianer stark verbreitet war. Die Waldenser, auch Luciferianer genannt, waren die Mitglieder einer um 1176 von Petrus Waldus gegründeten religiösen Laienbewegung.

Auf dem Gestüt in Bielin (Bellin)

Diese Bewegung strebte ein Gemeinschaftsleben nach urchristlichem Vorbild an und fand im 14. Jahrhundert auch Zulauf in vielen Orten des späteren Kreises Königsberg. Ihre Mitglieder wurden jedoch vor allem in der zweiten Hälfte des 15. Jahrhunderts als Ketzer verfolgt und hingerichtet. So wurde zum Beispiel der Waldenser-Priester Matthäus Hagen aus dem sogenannten ›Ketzerdorf‹ Dürrenselchow (Zelichow) im Jahre 1458 in Berlin verbrannt.

Im Nachbarort Stare Objezierze (Klein Wubiser), wo man auf einem Reiterhof einkehren kann, ist ebenfalls eine alte Kirche, jedoch mit barocker Ausstattung, zu besichtigen.

Weitere bemerkenswerte Dorfkirchen gibt es in Zelichow (Dürrenselchow), Dolsko (Dölzig), Goszków (Gossow), Białęgi (Belgen), Narost (Nordhausen), Mirowo (Woltersdorf) und Przyjezierze (Butterfelde). Letztgenannter Ort liegt am Nordufer des Sees von Moryń. Vom früheren Herrenhaus aus hat man eine gute Sicht über das Gewässer.

Südlich von Moryń und rund um das Tal der Słubia (Schlibbe), Richtung Oder, findet man schöne Waldwege vor. Nach Norden und Westen hin ist das Ackerland hügelig und wird von kleinen Gewässern durchzogen. Oft bieten sich schöne Rundblicke in eine abwechslungsreiche Landschaft mit ihren reizvollen Alleen. Beim Umwandern des Sees von Moryń führen die Wege nur selten direkt an das Ufer heran, aber man trifft immer wieder auf Naturdenkmäler wie alte Bäume oder Findlinge.

Die Entfernung vom Grenzübergang Hohenwutzen beträgt circa 25, von Schwedt circa 30 und von Küstrin-Kietz circa 45 Kilometer.

Die Bahnstation Witnica (Vietnitz) liegt etwa sechs Kilometer entfernt an der Strecke Kostrzyn (Küstrin)-Szczecin (Stettin).

Einen Bushaltepunkt findet man an der Straße Szeroka.

Postleitzahl: 74-503; Vorwahl: 091.
Touristen-Information, Straße Szekora, Tel. 010 33 91.

Hotel ›Podkowa‹, Straße Dworcowa 1, Tel. 414 60 49.
Hotel und Camping mit Bootshafen ›Cypel pod Lipa‹. Erholungszentrum ›Savana‹, Tel. 414 66 12, Fax 414 66 11; moderne Ausstattung, auch für Feste und Konferenzen.
Erholungszentrum mit Camping ›Anka‹, Straße Jeziorna 1.
In Gądno (Guhden) am Mohriner See: Sportzentrum und Bungalowdorf mit eigenem Strand und Bootsverleih, gute Ausstattung, Tel. 414 63 02 und 464 23 87 und zwei weitere Campingplätze.
Bar ›Kosciusko‹, Straße Kosciuszki; Café ›Jagoda‹ im Kulturhaus, Straße Szeroka 12, Tel. 414 61 45, Bar ›Plus‹, Tel. 414 61 09; Karczma-Pensionat ›U ORCIA‹, Tel. 414 63 46, Cafe ›POD ARKADAMI‹ Tel. 41 45 13.
In Witnica (Vietnitz): Bar und Café ›Pod sadami‹, Tel. 414 98 90.

In Bielin (Bellin): Reiterhof und Pferdegestüt, Hotel im ehemaligen Herrenhaus, Bielin 1, Tel. und Fax 414 60 78.
In Stare Objezierze (Klein Wubiser): Reiterhof ›Podkowa‹.

Tankstelle, Straße Odrzańska 2, Tel. 414 61 07.

Cedynia (Zehden)

Mit Cedynia verbinden sich für Polen wichtige historische Ereignisse. Bis hierher reichte um das Jahr 1000 der polnische Machtbereich, außerdem war die Siedlung Standort einer pommerschen Burg. Ein Monument auf einer Anhöhe bei Cedynia soll an eine Schlacht von 972 erinnern, deren Austragungsort nicht belegt ist und die auch kaum von großer Bedeutung gewesen sein kann.

Anfang 1945 kämpfte in der Nähe am Oderstrom die 1. Polnische Armee. Kurz danach erhielt die polnische Landesgrenze in der Region um Cedynia ihre weiteste Ausdehnung nach Westen.

Eine abwechslungsreiche Landschaft mit Reservaten und Naturdenkmälern zieht vor allem Tagesbesucher an.

Geschichte

Eine vorgeschichtliche Besiedlung des Geländes ist zu vermuten, da früher die Oder direkt am Stadtrand vorbeifloß. Im 9. Jahrhundert soll eine slawische Stammesburg hier bestanden haben, die zu einer Wehrburg ausgebaut wurde. Im Jahre 972 wollten Markgraf Hodo und Graf Siegfried von Walbeck Gebiete östlich der Oder in ihre Oberhoheit bringen. Sie wurden aber in einer Schlacht bei ›Cidini‹ von Mieszko I. und seinem Bruder Czibor zurückgeschlagen. Die Örtlichkeit des Gefechtes konnte jedoch nie nachgewiesen werden.

Seit etwa 1140 soll die Burg in deutschem Besitz gewesen sein. Hundert Jahre später gehörte sie zu Schlesien, davor und danach zu Pommern. Im Jahre 1187 wurde ein Kastellan erwähnt. Um 1250 kam Zehden endgültig in brandenburgischen Besitz, und zwar im Zuge der Erwerbung des Landes Lebus vom schlesischen Herrscher. Bereits vorher hatte sich eine deutsche Siedlung am Fuße des Burgbergs entwickelt. Sie trug die Bezeichnung Städtchen (lat. oppidum). Sicherlich gehörte auch die Umgebung mit zum Einflußbereich des Ortes, denn es ist zusätzlich die Rede von der ›terra‹ Zehden.

In der zweiten Hälfte des 13. Jahrhunderts legten Zisterziensernonnen in Zehden ein Kloster an. Aus den Besitzungen dieses Klosters wurde im Jahre 1555 das Amt Zehden gebildet. Die brandenburgischen Regenten hatten Stadt und Umgebung an Adlige als Lehen vergeben, später wurde auch das Amt verpfändet.

Die strategische und handelspolitische Bedeutung, die Zehden noch im frühen Mittelalter hatte, verlor sich in den folgenden Jahrhunderten mehr und mehr, so daß der Ort immer ohne Befestigungsmauern blieb. Er entwickelte sich nicht weiter und stand jahrhundertelang im Schatten von Nachbarstädten.

Blick vom Aussichtsturm auf Cedynia (Zehden)

Haupterwerbsquellen der Einwohner waren die Fischerei sowie Land- und Forstwirtschaft. Um 1700 lebten in Zehden nur 70 Menschen, und um 1800 waren es 947. Einen bescheidenen Aufschwung brachte die Lage an der nach 1850 eingerichteten Straße von Bad Freienwalde nach Königsberg/Neumark (Chojna). Eine Nebenbahn führte erst ab 1930 bis an Zehden heran.

In jüngster Zeit hat sich Cedynia zwar um ein Neubaugebiet erweitert, und es gab auch Verbesserungen in der Infrastruktur, aber wesentliche Veränderungen blieben aus. Für viele Polen wurde der Ort zu einem Zentrum der ›Region des nationalen Gedenkens‹. Deutsche Gäste machen gern Stippvisiten, wenn sie im nahen Grenzmarkt einkaufen oder Fahrten weiter in das Land hinein unternehmen.

Ein Stadtrundgang

Wenn man sich Cedynia nähert, fällt die malerische Lage des Städtchens an Berghängen auf. Treffpunkt für einen Rundgang ist der Bushaltepunkt an der Straße Obr. Stalingradu (der ehemaligen Niederlübbichower Straße), auf der der Verkehr am Talrand vorbeiführt. In der Nähe befindet sich der frühere Bahnhof. Zur Stadt hin werden eine Promenade und der Kanal Ulgi (Höhenland-Kanal) überschritten.

Denkmal für die Schlacht bei Cedynia (Zehden)

In der Querstraße dahinter, der Swierczewskiego, gibt es Möglichkeiten zum Parken sowie einen Imbiß.

Man geht nach links zur Straße Zymierskiego, die bergan nach Chojna (Königsberg/Neumark) führt. Am Giebel des Postgebäudes fällt ein Mosaik mit der Darstellung der Schlacht von 972 auf. Daneben läuft man eine steile Straße zu einem Gedenkhain hinauf. Hier befanden sich vorgeschichtliche Siedlungen und Befestigungen. Von oben hat man einen schönen Rundblick auf die Stadt und über das Zehdener Bruch.

Nach Überquerung der Straße Richtung Chojna begibt man sich zum Neubaugebiet. Ziel sind die daneben befindlichen Überreste des Nonnenklosters, die restauriert worden sind. Neben dem früheren Klosterhof führen durch einen Talgrund Wege zum Stadtzentrum.

Am Marktplatz befinden sich Geschäfte und das Rathaus aus dem Jahre 1840. Gegenüber lädt das Regionalmuseum zu Besichtigungen ein. Vorrangig wird die slawische Zeit einschließlich der Schlacht von 972 dargestellt, aber auch die Geschichte der Stadt selbst ist ein Thema der Ausstellung.

Noch weiter bergauf kommt man zur Kirche. Sie entstand im 13. Jahrhundert aus Granitsteinen, im Jahre 1893 erfolgte ein grundlegender Umbau. Aus dieser Zeit stammt auch der neugotische Turm. Um die Kirche herum gruppieren sich alte Schul- und Pfarramtsgebäude.

Der Spaziergang führt nun auf die Anhöhen und vorbei am Friedhof zum Aussichtsturm. Dieser wurde im 19. Jahrhundert als Kriegerdenkmal errichtet und hieß im Volksmund ›Bismarck-Turm‹. Heute kann er ganzjährig bestiegen werden und bietet eine herrliche Panoramasicht auf die Landschaft.

Stadtauswärts führen Stufen zur Straße Kosciuszki (Lindenstraße) hinunter. Auf ihr kommt man zu einem Sportgelände mit Schwimmbad und zum Hotel. Zurück zum Stadtzentrum kann man parallel einen Weg unter schattenspendenden Alleebäumen wählen. Cedynia gefällt vor allem durch das hügelige Gelände und durch den Wechsel von Geschäftigkeit und stiller Beschaulichkeit.

Die Umgebung

Die Gegend um Cedynia ist sehr abwechslungsreich. Im Westen erstreckt sich das Odertal mit einer bruchartigen Niederung. Diese grenzt im Süden bei Osinów Dolny (Niederwutzen) an die Berghänge eines Endmoränenbogens, die sogenannten Cedynier Karpaten, dessen Ausläufer sich am Flußtal entlangziehen.

Am Talrand führt eine wunderschöne Straße in Richtung Mieszkowice. Auf der Strecke liegen Stary Kostrzynek (Altcüstrinchen) mit der ›Czibor-Eiche‹ und der wiederaufgebauten Feldsteinkirche nebst Gedenkkreuz und -tafel für gefallene deutsche Soldaten sowie Stara Rudnica (Alt Rüdnitz) mit der schmucken Kirche. Der bewaldete Höhenzug landeinwärts ist ein vortreffliches Wandergebiet.

Östlich von Cedynia herrschen landwirtschaftlich genutzte Flächen auf hügeligem Terrain vor, unterbrochen von Obstalleen, kleinen Gewässern und Gehölzen. Im Norden liegt die Puszcza Piaskowa (Peetziger Forst) mit Anhöhen bis zu 166 Metern über dem Meeresspiegel, mit großen Laub- und Mischwäldern sowie vereinzelt uralten Eichen. Neben unbefestigten Wegen führen auch Straßen durch das große Waldgebiet und in Bielinek (Bellinchen) sowie Piasek (Peetzig) auch bis an die Oder heran. Nahe des Grenzflusses gibt es reizvolle Plätze zum Entspannen inmitten der Natur, aber auch Kiesabbau mit anschließend entstehenden klaren Seen.

Innerhalb des Landschaftsparks von Cedynia bestehen mehrere Naturschutzgebiete und Naturdenkmäler: Bei Bielinek (Bellinchen) gibt es ein Schutzgebiet für Steppenpflanzen und alte Eichen; bei Lubiechów Dolny (Nieder Lübbichow) gibt es eines für Pflanzen, außerdem stehen hier eine ›Königseiche‹ mit 6,55 Metern Umfang und ein Gingkobaum; bei Osinów Dolny (Niederwutzen) wird

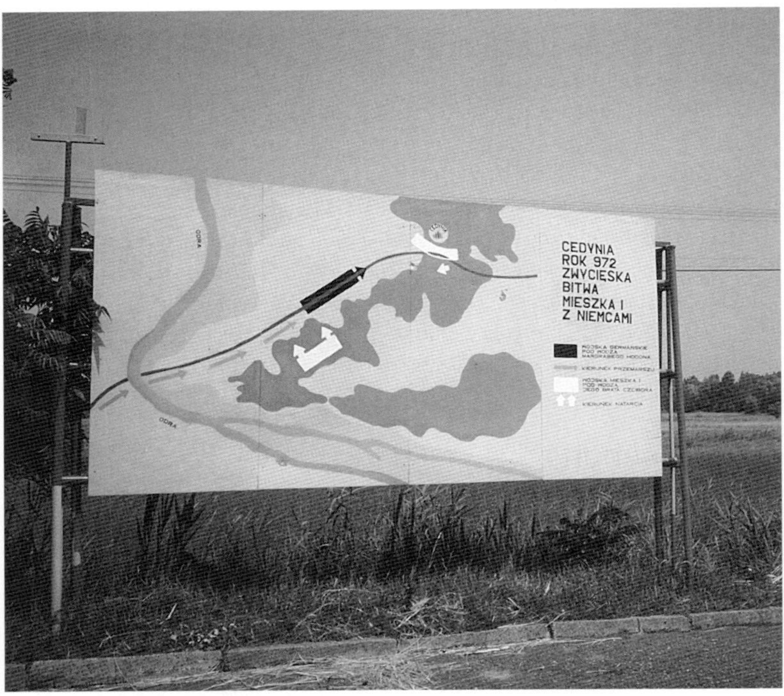

Schautafel zur Schlacht von 972

Heidekraut geschützt und bei Lubiechow Gorny (Hohenlübbichow) eine Allee aus Pyramideneichen.

In der Gegend sind auch zahlreiche Dorfkirchen sehenswert, so zum Beispiel in Klępicz (Klemzow), in Golice (Grüneberg), in Czachów (Zachów), in Orzechów (Wrechow), in Lubiechow Gorny (Hohenlübbichow) – hier steht auch ein interessantes Herrenhaus in einem leider verwilderten Park –, in Łukowice (Altenkirchen) und in Piasek (Peetzig).

Die Entfernung zum Grenzübergang Hohenwutzen beträgt 8 und nach Schwedt etwa 30 Kilometer.

Eine Bushaltestelle findet man in der Straße Chrobrego.

Hotel ›Margo‹, Straße Obr. Stalingradu 22, mit Gaststätte.
Hotel ›Relax‹ mit Restaurant, Tel. 4144154, Straße Kosziuszki 32.
Trinkhalle ›U Jakuba‹, Straße Zymierskiego, Tel. 4144178.
In Osinów Dolny (Niederwutzen) gibt es ein Restaurant und einen Imbiß am Basar.

Postleitzahl: 74-520; Vorwahl: 091.Touristeninformation in der Stadtverwaltung, ul. Jagiellońska 4, Tel. 414 10 35 und 414 12-19/-95, Fax 414 11 17, e-mail: info@chojna.pl, www.chojna.pl.

Regionalmuseum, Platz Wolności 4 (Markt), Tel. 414 41 31; geöffnet Di bis Fr 9 bis 16, Sa und So 10 bis 14 Uhr.
Direktion des Landschaftsparkes ›Cedynskiego Parku Krajobrazowego‹, Straße Armii Krajowej 36/1, 74-100 Gryfino, Tel. 091/41 66 20 79 und 416 22 74.

Ein Campingplatz befindet sich in der Straße Kosciuszki. In Bielinek (Bellinchen) gibt es einen weiteren Campingplatz an der Oder.

Tankstelle, Straße Chrobrego. In Osinów Dolny (Niederwutzen) gibt es ebenfalls eine Tankstelle.

Rundflüge werden an der Straße nach Osinów Dolny (Niederwutzen) angeboten.

Chojna (Königsberg/Neumark)

Bei einem Besuch der historisch bemerkenswerten Stadt wird man mit bedeutenden gotischen Bauwerken konfrontiert, darunter einem prunkvollen Rathaus, originellen Stadttoren und einem alten Kloster. Die mächtige, ebenfalls gotische Marienkirche wird derzeit in einer deutsch-polnischen Gemeinschaftsaktion wieder aufgebaut.

Um die in einem Talkessel gelegene kleine Stadt herum gibt es an abgelegenen Seen und in großen Wäldern Gelegenheiten zum Entspannen oder zu einem naturverbundenen Urlaub.

Geschichte

In der Niederung am Flüßchen Rurzyca (Röricke) ist wahrscheinlich bereits um das Jahr 1000 unter dem polnischen Fürsten Boleslaw I. eine Burg angelegt worden. Sie spielte bestimmt in den Kämpfen des 11. und 12. Jahrhunderts zwischen Polen und Pommern eine wichtige Rolle. Schließlich behauptete sich Pommern längere Zeit als Besitzer, während die schlesischen Piasten bis 1249 eine Lehnshoheit beanspruchten.

Als im Jahre 1244 der Name der Stadt erstmalig in einer Urkunde auftauchte, hatten sich schon zahlreiche deutsche Siedler niedergelassen. Um 1250 kam Königsberg an die Brandenburger, und zwar im Zusammenhang mit der Erwerbung des Bistums Lebus von Schlesien. Zwischen 1267 und 1270 ging die Grundherrschaft über die Stadt und zehn Dörfer an den askanischen Markgrafen über. Durch Landwirtschaft und Handel auf der damals schiffbaren Röricke nahm die Stadt einen raschen Aufschwung.

Vor 1290 siedelten sich Augustinermönche an und gründeten ein Kloster. Bereits 1310 wurde eine Neustadt erwähnt, außerdem 1312 eine Nikolaikirche. In der Stadt residierte außerdem einer der beiden Vögte der Neumark. 1351 erhielt Königsberg Zollfreiheit ›in der ganzen Mark zu Wasser und zu Lande‹. Die Fürsten des Hauses Wittelsbach betrieben eine Werkstatt zur Herstellung von Münzen. Im 14. und 15. Jahrhundert gab es in dieser Gegend Ketzerbewegungen, die von der Inquisition bekämpft wurden. Im Dreißigjährigen Krieg erlitt Königsberg schwere Rückschläge. Die Stadt verelendete durch lange Einquartierungen. Ab 1711 gab es eine ständige Garnison, und von 1809 bis 1815 fungierte Königsberg sogar als Sitz einer neumärkischen Regierung. 1815 wurde Königsberg Kreisstadt für rund 100 Dörfer und acht Städte, deren größte das fast 50 Kilometer entfernte Küstrin war. Im Jahre 1939 hatte die Stadt knapp 6800 Einwohner.

Wegen der starken Zerstörungen ging die polnische Kreisverwaltung nach dem Zweiten Weltkrieg an Dębno. Der neue Name Königsbergs sollte zunächst eine Übersetzung des alten sein. Aber das galt als zu monarchistisch. So kam es zur Bezeichnung Chojna, wahrscheinlich abgeleitet von Choinka, was ›Weihnachts- oder Tannenbaum‹ bedeutet.

Die abseitige Lage und der sowjetische Militärflugplatz trugen dazu bei, daß nach 1945 lange Zeit wenig neu gebaut wurde. Heute gibt es viele Aktivitäten, um die Wirtschaft und vor allem den Tourismus wiederzubeleben; ebenso bestehen vielfältige Kontakte zu deutschen Partnern. Seit dem Ende der achtziger Jahre arbeiten Deutschland und Polen beim Wiederaufbau der Marienkirche zusammen. Ehemalige deutsche Bewohner setzen hier ein beispielhaftes Zeichen für die Aussöhnung und Verständigung.

Nach der Neubildung von Kreisen im Jahre 1999 kam Chojna zum Kreis Gryfino (Greifenhagen).

Fest anläßlich der 750-Jahrfeier von Chojna (Königsberg)

Die Marienkirche während der Restaurierung

Die Marienkirche

Mit dem Bau der Pfarrkirche St. Marien begann der Stettiner Baumeister Heinrich Brunsberg im Jahre 1389. Er entwickelte eine unverwechselbare Sonderform der norddeutschen Backsteingotik.

Das Kirchenschiff wurde in der Form einer dreischiffigen Hallenkirche erbaut, mit einer Firsthöhe von 43 Metern, einer Länge von 56 Metern und einer Breite von 29 Metern, einschließlich der südlichen Kapellen von 34 Metern. Die Sterngewölbe des Mittelschiffs und die Kreuzrippengewölbe der Seitenschiffe umspannten eine Raumhöhe von 17,5 Metern. Erst von 1859 bis 1861 erhielt die Kirche den heutigen Ziegelturm nach dem Entwurf der Schinkel-Schüler Soller und Stüler.

Das Innere schmückten zahleiche Kulturschätze: die Barockorgel des Berliner Orgelbauers Joachim Wagner (1738), die Barockkanzel von Georg Mattanovi (1701–1714) und der Altar des Italieners Caprani (1690–1692), der 1861 durch einen neogotischen Altar ersetzt wurde. Der ursprüngliche Taufstein ist heute noch erhalten. Künstlerisch besonders interessant waren die vom Anfang des 15. Jahrhunderts stammenden Glasgemälde, von denen leider keine Farbwiedergaben bestehen. Sie wurden vor Kriegsende sichergestellt, über den Verbleib ist jedoch nichts bekannt. Am 2. Februar 1945 besetzte die Rote Armee die fast unbeschädigte Stadt. Die Altstadt und die Marienkirche gingen kurze Zeit später in Flammen auf und wurden fast völlig zerstört. Was dem Feuer widerstanden hatte, verfiel in den nächsten Jahrzehnten.

Erst 1986 begann man über den Wiederaufbau der Marienkirche zu sprechen. Künftig soll sie eine Begegnungsstätte zwischen Polen und Deutschen sein, der Pflege des europäischen Kulturgutes dienen und im Sinne der Ökumene allen christlichen Kirchen und der jüdischen Glaubensgemeinschaft offenstehen. Der Förderverein für den Aufbau der Kirche hat in den letzten Jahren Beachtliches geleistet. Inzwischen konnten das Kirchenschiff und das Dach wiederaufgebaut werden.

Wer sich näher informieren oder mit einer Spende helfen will, kann dies unter folgender Adresse tun:

Förderverein für den Wiederaufbau der Marienkirche
in Königsberg/Neumark e.V.,
Im Hasenwinkel 1, 30 457 Hannover,
Tel. 0511/46 13 63, Fax 43 53 47,
e-mail: rkumkar@t- online.de
(Rosemarie Kumkar).
Spendenkonto: Volksbank Brigdorf-Celle e.G., BLZ 251 613 22,
Konto 813 76 84 00.

Ein Stadtrundgang

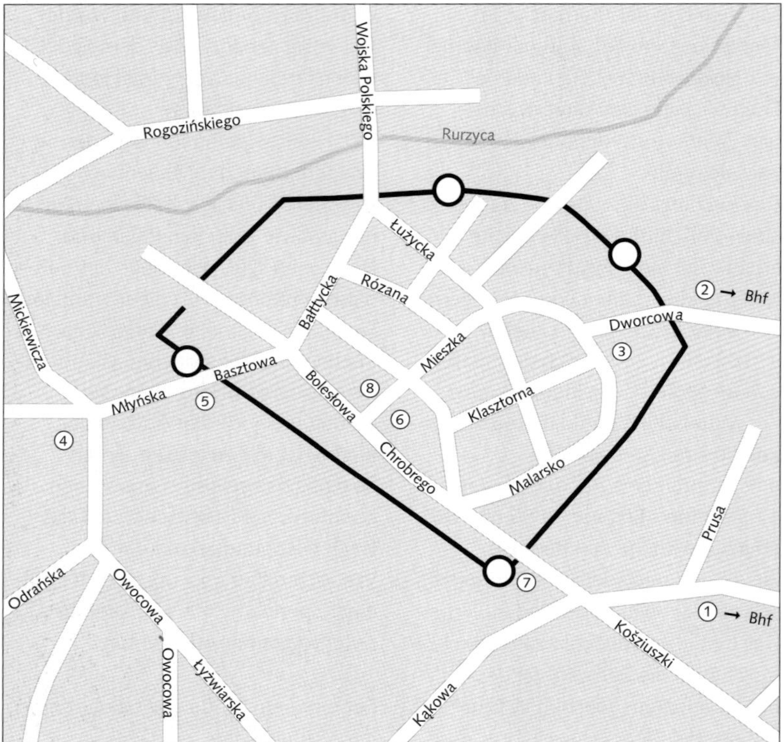

Chojna

Legende

1 Touristeninformation
2 Bahnhof
3 Reste des Augustinerklosters
4 St. Gertrud-Kapelle
5 Swiecka (Schwedter-) Tor
6 Marienkirche
7 Barnowska (Bernickower-) Tor
8 Altes Rathaus

Der Bahnhof von Chojna, an dem sich auch der zentrale Bushaltepunkt befindet, liegt außerhalb des Zentrums. Am Bahnhofsausgang hält man sich am besten rechts und beginnt den Rundgang auf der Straße Dworcowa, die ins Stadtzentrum führt. Die ersten Sehenswürdigkeiten hinter der in weiten Teilen erhaltenen Stadtmauer sind die Restgebäude des Augustinerklosters, vor allem die Kirche aus dem 13. Jahrhundert und die Wandelgänge mit ihren Gewölben.

Das Schwedter Tor

Typische Szenerie in der Neumark

Entlang der Stadtbefestigungen geht man nach rechts und kommt auf Parkwegen zum Flüßchen Rurzyca (Röricke). Unter den Bäumen an ihrem Ufer fällt eine mächtige Platane mit einem Stammesumfang von mehr als neun Metern auf. Gleich dahinter folgt eine Brücke, außerdem gibt es hier Einkaufsmöglichkeiten und Sitzgelegenheiten.

Entlang der Straßen Baltycka (der ehemaligen Vierradener Straße) und Baszkowa (der ehemaligen Schwedter Straße) läuft man nun wieder durch die Altstadt direkt auf das Schwedter Tor (Swiecka) zu. Seine Besonderheit besteht darin, daß an jeder Ecke des Turmes noch je ein kleiner Turm hervorragt. Dahinter, an der Straßengabelung nach Cedynia und Schwedt, steht auf dem alten Friedhof die Ruine der St.-Gertrud-Kapelle (Gertrudy) aus dem 15. Jahrhundert und daneben ein Gefallenendenkmal für sowjetische Soldaten von 1945. Außerhalb der Stadtmauer ziehen sich Spazierwege entlang.

Man geht in das Zentrum zurück und stößt direkt auf das reich verzierte gotische Rathaus aus dem 15. Jahrhundert. Es wurde nach der Kriegszerstörung bis 1986 wieder originalgetreu aufgebaut. Jetzt wird es als Kulturzentrum genutzt. Besichtigenswert sind die Bibliotheksräume und die Kellerbar.

Gegenüber ragt der mächtige Hallenbau der Marienkirche empor. Sie entstand um 1400 und wird seit 1991 neu aufgebaut. Bereits an dem um 1860 erneuerten, über 100 Meter hohen Turm fällt die schöne Ornamentik und figürliche Gestaltung auf. Nach der Neueinweihung wird die Kirche als Symbol deutsch-polnischer Zusammenarbeit allen Veranstaltern beiderseits der Oder offenstehen. Im August 2002 konnte bereits für solche Zwecke die beheizbare Marienkapelle eingeweiht werden.

Am Bernickower Tor (Barnkowska) wird die Altstadt verlassen. Der Bau dient als Touristenhotel. Man kann bis zum oberen Zinnenkranz emporsteigen und von dort oben Altes und Neues überblicken. An der Straße Jagiellońska (Bahnhofstraße) ist noch viel von der alten deutschen Bausubstanz erhalten. Vorbei am Basar, an einem Park, an einem schmucken Restaurant und vielen Geschäften läßt es sich angenehm zum Bahnhof spazieren. Hinter dem Gleisübergang folgt der Stadtteil Barnkowo (Bernickow) mit einer im 19. Jahrhundert umgestalteten Feldsteinkirche.

Die Umgebung

Bei jedem Ausflug von Chojna aus müssen zunächst Hügel bewältigt werden, dafür erreicht man aber vielerorts herrliche Landschaften und stille Dörfer. Manche Strecken sollte man am besten abradeln, um sie richtig auskosten zu können.

Im Süden von Chojna kommt man nach Godków (Jädickendorf). Vor dem Bahnhof liegt das Dorf mit Feldsteinkirche rechts, während es links nach Jelenin (Gellen) – auch mit alter Kirche – zum schönen See mit Badestellen und Campingplatz geht. Östlich vom See befindet sich Brwice (Blankenfelde) mit Granitsteinkirche und dem früheren Gutspark, in dem unter anderem Eiben und Zypressen stehen.

Südwestlich der Stadt bietet sich hinter Mętno (Mantel) von der Anhöhe ein herrlich weites Panorama über die Landschaft. So breitet sich der Manteler See aus, ebenso die beiden Ortsteile Wielki (Groß) mit seiner großen Kirche und Male (Klein) mit einem kleinen, vernachlässigten Gotteshaus, das aber Wandmalereien aus dem 15. Jahrhundert aufzuweisen hat.

Westlich von Chojna erstreckt sich die Puszcza Piaskowa (der Peetziger Forst). Ein günstiger Zugang erfolgt über Stoki (Rehdorf). Dahinter folgen breite unbefestigte Waldwege, und man stößt auf den See Ostrów (Wustrowsee) mit ruhigen Badestellen. Von Stoki (Rehdorf) kommt man auch nach Krzymów (Hanseberg) mit klassizistischem Gutshaus, schön gestaltetem Park und daneben der alten Kirche. Eine schattenspendende Allee führt zum 1820 bis 1830 von den Hanseberger Besitzern errichteten Jagdschloß Kuropatniki. Am reizvollen Bau ist man schon mitten im Wald. Die Anhöhen mit dem wechselvollen Baumbestand breiten sich bis an die Oder aus.

Lohnenswert sind Exkursionen entlang des Grenzstromes von Raduń (Raduhn) mit einem früher prachtvollen Schloß über Zaton Dolna (Nieder Saathen) mit Barockkirche, Krajnik Gorny (Hohenkränig) mit dem Park ›Tal der Liebe‹, vorbei am Grenzübergang von Krajnik Dolny (Niederkränig) und über Ognica (Nipperwiese) mit Bademöglichkeit in der Oder bis Widuchowa (Fiddichow) mit schöner Kirche und alten Tabakscheunen. Hier befindet man sich am Rand des Nationalparkes Unteres Odertal und konnte schon vorher, von den Höhen des Ostufers aus, die auf deutscher Seite gelegenen Teile des Nationalparkes überblicken.

Etwas mehr als 20 Kilometer sind es auf guter Straße von Widuchowa zurück, zuerst durch urwüchsigen Wald, dann durch Lisie Pole (Uchtdorf) und per Abstecher durch Nawodna (Nahausen). In beiden Dörfern befinden sich sehenswerte Kirchen.

Nordöstlich von Chojna liegt Rurka (Rörchen). Abseits in einem Vorwerk steht eine vor 1248 errichtete romanische Burgkapelle des Templerordens, die später als Brennerei genutzt wurde. Östlich von Rurka und Strzelczyn (Jädersdorf) durchziehen kleinere Gewässer das hügelige Waldgebiet.

Schließlich darf noch der Hinweis auf das Gustav-Adolf-Denkmal an der Straße in Richtung Schwedt nicht fehlen. Die Anhäufung der Granitsteine in Form einer Pyramide erinnert daran, daß der schwedische König 1632 in der Neumark weilte, und ist nicht zu übersehen.

Die Entfernung vom Grenzübergang Schwedt beträgt etwa 12 Kilometer, nach Hohenwutzen etwa 30 Kilometer und nach Küstrin-Kietz etwa 50 Kilometer.

Chojna liegt an der Bahnstrecke Kostrzyn (Küstrin) –Szczecin (Stettin).

Ein Bushaltepunkt sowie ein Taxistand befinden sich am Bahnhof.

Postleitzahl: 74-500; Vorwahl: 091.
Tourismusinformation und landschaftstouristisches Werbezentrum, Straße Jagielloska 2, Tel. 4143050 und 414 19 03.
Die Direktion des Nationalparks Unteres Odertal erreicht man unter folgender Adresse: Parku Krajobrazowego Doliny Dolnej Odry, ul. Armii Krajowej 36/1, 74-100 Gryfino, Tel. 091-416 20 79.

Hotel ›Rolsped‹, Straße Kopernika 11, Tel. 414 11 89.
Hotel ›Maria‹, im Stadttor Barnkowska, Tel. 414 14 31 und 414 16 19.
Hotel Fiesta, Straße Wilsona 13, Tel. 414 14 31.
Fremdenzimmer im Klostergebäude ›Herberge zur Heimat‹; Pension, Straße Szczecińska 19.
Restaurant ›Piastowska‹, Straße Jagiellońska 22, Tel. 414 18 48 (für Gruppen zu empfehlen).
Restaurant Rycerska im historischen Rathaus, Tel. 414 14 00.
Fischrestaurant Czatownia, Straße Podmurze 1, Tel. 414 26 18.
Restaurant Bosmanska, Straße Szczecinska 6, Tel. 414 29 65.

In Jelenin (Gellen) erwarten ein Campingplatz und ein Strandbad die Besucher. In Stoki (Rehdorf) befindet sich ebenfalls ein Campingplatz sowie Badestellen am See Ostrów (Wustrowsee).
In Krajnik Dolny (Nieder Kränig) gibt es einen Grenzbasar, ein Restaurant und Imbißstände.
An der Straße zwischen Chojna und dem Grenzübergang Schwedt liegen mehrere gastronomische Einrichtungen.

Kunstgalerie Joanna Mieszko-Nita, Straße Sikorska 23/8, Tel./Fax 4143981.

Tankstellen findet man in den Straßen Parkowa, Szczecińska und Słowianska sowie in Ognica (Nipperwiese) und in Krzywin (Kehrberg).

Sonstiges

Vereinigung für ein gemeinsames Europa, Straße Jagiellonska 2, Tel.4141818, Fax 4141117 (engagiert sich für den EU-Beitritt Polens und die Zusammenarbeit zwischen Deutschen und Polen)

Trzcińsko Zdrój (Bad Schönfließ)

Ein Moorbad würde man gar nicht in dieser Region vermuten. Allerdings ruht der Badebetrieb seit dem Zweiten Weltkrieg, und Pläne zur Wiederaufnahme des Badebetriebes wurden inzwischen aufgegeben. Die Kleinstadt verfügt dennoch über zahlreiche Sehenswürdigkeiten wie zum Beispiel eine fast vollständig erhaltene Stadtmauer, zwei Stadttore, die Kirche aus dem 13. und das Rathaus aus dem 16. Jahrhundert sowie das Badehaus.

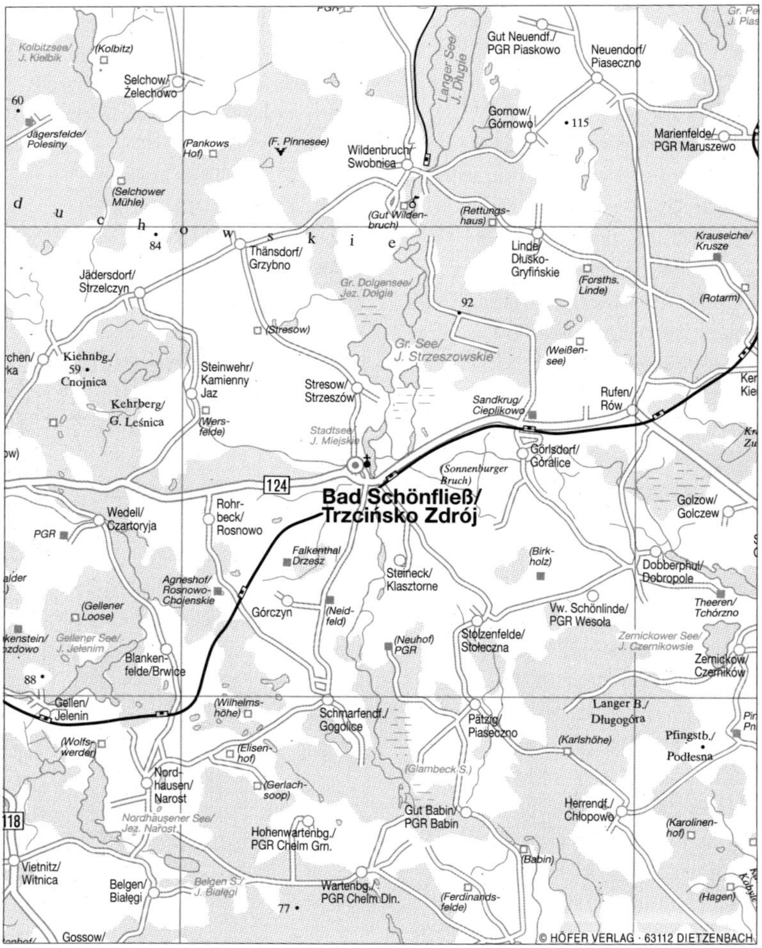

Geschichte

Die Lage an Seen, Sümpfen und Fließen brachte es mit sich, daß die Gegend um Trzcińsko Zdrój bereits in vorgeschichtlichen Zeiten besiedelt wurde. Der heute eingeebnete Burgwall am Stadtsee ist wahrscheinlich slawischen Ursprungs gewesen.

Eine deutsche Dorfsiedlung, Sconenvlete, wurde in der damals zu Pommern gehörenden Region 1248 urkundlich erwähnt. Bald darauf gründete man eine Stadt, die 1281 das erste Mal bezeugt wurde. Etwa um 1260 wurde die Stadt brandenburgisch. Ihre planmäßige bauliche Anlage innerhalb des von Mauern umgebenen Halbkreises ist noch heute gut zu erkennen.

Obwohl es um den Landstrich oft kriegerische Auseinandersetzungen gab, war Schönfließ kaum betroffen. Wahrscheinlich war es strategisch zu unbedeutsam. Die Stadt war im Mittelalter dem Landesherrn direkt unterstellt.

Wichtigster Erwerbszweig war von jeher die Landwirtschaft, auch vom Getreidehandel und Fischfang lebte man. Tradition besaß das Brauereiwesen, und im 19. Jahrhundert war der Tabakanbau ertragreich. Seit 1899 bestand eine inzwischen wieder eingestellte Nebenbahn-Verbindung.

Industrie siedelte sich nicht an, so daß die Bevölkerungszahl nie über 3000 stieg. Das änderte sich auch nach 1945 kaum. Auf diese Weise ist der Charakter einer alten Kleinstadt mit idyllischem Umfeld erhalten geblieben.

Das schön renovierte gotische Rathaus von Trzcińsko Zdrój (Bad Schönfließ)

Seit 1898 ist Schönfließ Moorbad. Drei Jahre vorher wurde die Moorerde entdeckt. Später machte man Mineralbrunnen und Heilquellen ausfindig. Bald wurde Bad Schönfließ, durch die Bahnanbindung nach Berlin begünstigt, ein beliebter Kurort, in dem unter anderem Rheuma, Neurosen und Frauenkrankheiten behandelt wurden. Das Kurhaus blieb bis heute erhalten, wird aber seit dem Zweiten Weltkrieg nicht mehr als solches genutzt. Der Badebetrieb sollte im Nachbarort Stołeczna (Stolzenfelde) wiederaufgenommen werden, wo sich das dortige große Herrenhaus für die Bewirtschaftung anbot.

In Trzcińsko Zdrój wurde die Infrastruktur in den vergangenen Jahren deutlich verbessert. Das Stadtbild verschönert sich von Jahr zu Jahr und zieht damit immer mehr Touristen an.

Ein Stadtrundgang

Seitlich vom prächtigen Rathaus aus dem 16. Jahrhundert mit hübschen spätgotischen Giebelverzierungen und Türmchen besteht ausreichend Platz, um sein Auto zu parken. Dann beginnt man am besten mit einem Blick in den historischen Bau, wo die Gewölbe im Flur sowie das schmucke Bürgermeisterzimmer Aufmerksamkeit verdienen.

Der Rundgang beginnt in der Straße Sojuszników (der früheren Wilhelmstraße), die auf das Tor Myślibórska (früher Soldiner oder auch Steintor) zuführt. Es ist gut erhalten und verfügt sogar noch über einen jahrhundertealten Torflügel. Daneben gibt es eine zweite Durchfahrt sowie eine Fußgängergasse durch die Befestigungsmauer.

Anschließend wandert man nach links immer am hohen Gemäuer entlang, vorbei am Seeufer und besichtigenswerten Badehäusern auf einer Halbinsel, bis sich das Gelände zu einem Park weitet. Die Polen gaben dieser wunderschönen Promenade die Bezeichnung Al. Roź, also Rosenallee.

Den Park durchfließt die Rurzyca (Röhrike). Wieder näher an der Stadtmauer stoßen wir auf die Freilichtbühne mit ihrem historischen Flair und erblicken den romantischen Storchenturm. Daneben befindet sich das Kulturhaus mit Café.

Man kann nach Überschreiten der Straße an der alten Mühlenstelle den mittelalterlichen Mauerring weiter bis zum Tor Chojenska (Königsberger Tor) umwandern. Neben dem von Efeu umrankten Turm kommt man auf der Straße 9. Maja (der früheren Königstraße) wieder direkt auf den Markt zu.

Nun steht noch die Besichtigung der Kirche aus dem 13. Jahrhundert auf dem Programm. Neben dem massigen Turm wirkt das dreischiffige Gebäude wie geduckt. Es wurde mehrmals umgebaut und erweitert. Beeindruckend ist vor allem das schöne Sterngewölbe im Inneren des Gotteshauses.

Beim abschließenden Bummel durch die Straßen fallen manche alte Fachwerk- und Backsteinhäuser auf. Es bestehen noch viele Möglichkeiten, einzukehren, einzukaufen sowie auf Bänken vor dem Rathaus eine Pause einzulegen.

Die Umgebung

Die zumeist ebene Landschaft um Trzcińsko Zdrój wird vorwiegend durch landwirtschaftliche Nutzung bestimmt. Nach Westen hin, wo das Dorf Rosnowo (Rohrbeck) mit dem weithin sichtbaren Kirchturm liegt, erstrecken sich größere Obstplantagen.

Das Steintor, früher auch Soldiner Tor genannt

Die Ruine der einstigen Johanniterburg in Swobnica (Wildenbruch)

Richtung Süden lohnen sich Ausflüge zum Klostersee bei Klasztorne (Steineck), nach Gogolice (Schmarfendorf), Stołeczna (Stolzenfelde), Piaseczno (Pätzig) und Dobropole (Dobberpfuhl) mit sehenswerten Kirchen und mehr oder weniger erhaltenen Herrenhäusern sowie Parks. Nahe der etwas tristen Straße nach Myślibórz (Soldin) liegt östlich Goralice (Görlsdorf), ebenfalls mit einer Kirche aus dem 13. Jahrhundert.

Durch schöne Wälder und miteinander verbundene Seen, also auch für Wasserwanderer geeignet, ist die Region nördlich von Trzcińsko Zdrój touristisch am interessantesten. Das beginnt schon nach wenigen Kilometern in Strzeszów (Stresow), wo man im See baden kann und eine Feldsteinkirche vorfindet. Die Straße führt weiter über Grzybno (Thänsdorf), ebenfalls mit Kirche aus dem 13. Jahrhundert, nach Swobnica (Wildenbruch).

Am Ortseingang von Swobnica geht es rechts zu den alten Gutsgebäuden. Im 14. Jahrhundert wurde hier durch den Johanniterorden eine gotische Burg errichtet. Später baute man sie im barocken Stil um. Ein mächtiger Rundturm aus der ersten Bauphase blieb gut erhalten, aber die Schloßräume sind stark verfallen. Im Ort selbst fällt die schmucke Kirche auf. Weiter nordöstlich führt der Weg zum großen, sauberen See Długie (Langer See). An seinem Ufer bestehen Bade- und Campingmöglichkeiten. Man kann sich auch in einem Sommerhäuschen einmieten.

Zurück nach Trzcińsko Zdrój kommt man östlich einer Talrinne durch romantische Wälder und entdeckt am Rande kleinere Seen. Querverbindungen sind nur zu Fuß oder mit dem Rad möglich.

Die Entfernung vom Grenzübergang Schwedt beträgt 25, von Hohenwutzen 40 und von Küstrin-Kietz 50 Kilometer.

Es gibt eine Bushaltestelle sowie einen Taxistand.

Postleitzahl: 74-510; Vorwahl: 091.
Eine private Touristeninformation und Zimmervermittlung befindet sich in der Straße Chojnicka 12, Tel./Fax 414 84 92.

Hotel ›Pracowniczy Zakladów Sadowniczych‹, Straße Chojnicka, Tel. 414 80 41.
Saison-Jugendherberge in der Schule, Straße Lutego 3, Tel. 414 80 84.
Café ›Uzdrowiskowa‹, Straße Młyńska, Tel. 414 81 84.
Café im Kulturhaus, Str. Młyńska.
In Strzeszow (Stresow) gibt es ein Erholungszentrum am See (bisher gehörte es der Werft Szczecin), Tel. 414 82 90.

In Swobnica (Wildenbruch) steht ein Campingplatz am See Długie (Langer See) zur Verfügung.

Tankstelle, Straße Dworcowa.

Myślibórz (Soldin)

Myślibórz ist der Mittelpunkt einer vor allem landwirtschaftlich bedeutsamen Region. Auch bescheidene Industrien haben sich angesiedelt. Eine mannigfaltige Landschaft mit dem großen See am Stadtrand und den vielen kleineren Gewässern in der Umgebung lockt vor allem Wassersportler und Angler an. Segeln verfügt in der Gegend über eine lange Tradition. Quartiere für die unterschiedlichsten Ansprüche sind vorhanden. Historisches Flair strahlen in der einstigen neumärkischen Hauptstadt Soldin Bauwerke wie der Dom, das Rathaus, das Dominikanerkloster und die Stadttore aus.

Geschichte

Am Rande einer Endmoräne gab es Besiedlungen bereits zur Steinzeit, Bronzezeit und Eisenzeit. Dann lebten hier mehrere hundert Jahre die Burgunden. Nach ihrem Wegzug kamen Slawen in das Gebiet. Sie sollen am See eine hölzerne Burg errichtet haben, die aber bereits im 13. Jahrhundert verfiel.

Im Jahr 1234 erwarb der Templerorden den See mit Umland und gründete einen Wirtschaftshof, 1261 wurde dieser Besitz an die brandenburgischen Markgrafen abgetreten. Diese hoben um 1270 die Stadt aus der Taufe, die mehrmals von den Polen verwüstet wurde. Auch die Burg fiel damals der Zerstörung anheim.

Das Rathaus von Myślibórz (Soldin)

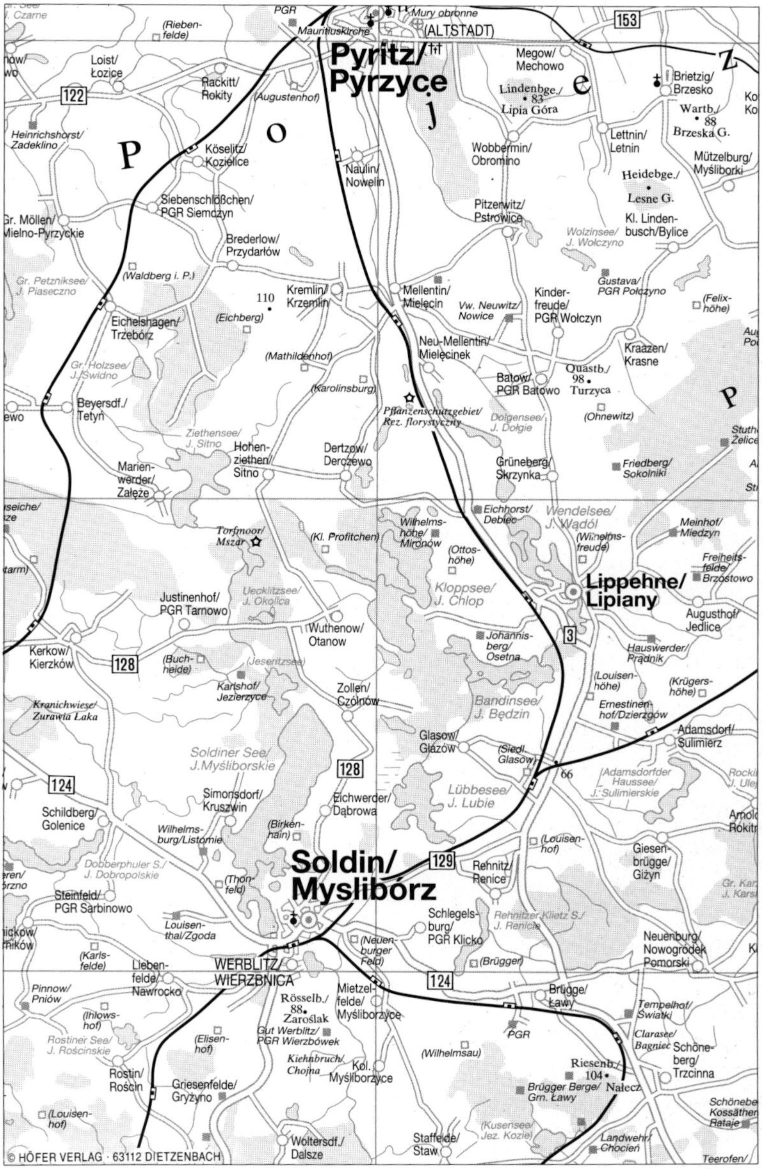
J. Czarne
PGR
Mury obronne
(Rieben-
felde)
Mauritiuskirche
(ALTSTADT)
153
Pyritz/
Pyrzyce
Loist/
Łozice
Megow/
Mechowo
Rackitt/
Rokity
Lindenbge./
83
Lipia Góra
Brietzig/
Brzesko
122
(Augustenhof)
P
o
j
e
z
Wartb./
88
Brzeska G.
Heinrichshorst/
Zadeklino
Köselitz/
Koziełice
Naulin/
Nowelin
Wobbermin/
Obromino
Lettnin/
Letnin
Mützelburg/
Myśliborki
Heidebge./
Lesne G.
Siebenschlößchen/
PGR Siemczyn
Gr. Möllen/
Mielno-Pyrzyckie
Pitzerwitz/
Pstrowice
Kl. Linden-
busch/Bylice
Wolzinsee/
J. Wołczyno
Brederlow/
Przydarłów
Gr. Petzniksee/
J. Piaseczno
(Waldberg i. P.)
Gustava/
PGR Połczyno
110
Kremlin/
Krzemlin
Mellentin/
Mielęcin
Vw. Neuwitz/
Nowice
Kinder-
freude/
PGR Wołczyn
(Felix-
höhe)
Eichelshagen/
Trzebórz
(Eichberg)
Neu-Mellentin/
Mielęcinek
Kraazen/
Krasne
(Mathildenhof)
Gr. Holzsee/
J. Świdno
Batow/
PGR Batowo
Quastb./
98
Turzyca
(Karolinsburg)
Beyersdf./
Tetyń
Pflanzenschutzgebiet/
Rez. florystyczny
Dolgensee/
J. Długie
(Ohnewitz)
Ziethensee/
J. Sitno
Hohen-
ziethen/
Sitno
Dertzow/
Derczewo
Marien-
werder/
Załęże
Grüneberg/
Skrzynka
Friedberg/
Sokolniki
Eichhorst/
Dębiec
Wendelsee/
J. Wądół
Torfmoor/
Mszar
(Kl. Profitchen)
Wilhelms-
höhe/
Mironów
(Ottos-
höhe)
(Wilhelms-
freude)
Meinhof/
Miedzyn
Freiheits-
felde/
Brzostowo
Ueckiltzsee/
J. Okolica
Kloppsee/
J. Chłop
Lippehne/
Lipiany
Justinenhof/
PGR Tarnowo
Wuthenow/
Otanow
3
Augusthof/
Jedlice
Johannis-
berg/
Osetna
Kerkow/
Kierzków
128
(Buch-
heide)
(Jeseritzsee)
Hauswerder/
Prądnik
Karlshof/
Jezierzyce
Zollen/
Czółnów
(Louisen-
höhe)
(Krügers-
höhe)
Kranichwiese/
Żurawia Łąka
Bandinsee/
J. Będzin
Ernestinen-
hof/Dzierzgów
Adamsdorf/
Sulimierz
Glasow/
Głazów
(Siedl.
Glasow)
Soldiner See/
J. Myśliborskie
128
66
Adamsdorfder
Haussee/
J. Sulimierskie
124
Simonsdorf/
Kruszwin
Eichwerder/
Dąbrowa
Lübbesee/
J. Lubie
Schildberg/
Golenice
Wilhelms-
burg/Listomie
(Birken-
hain)
(Louisen-
hof)
Giesen-
brügge/
Giżyn
Soldin/
Myslibórz
129
Rehnitz/
Renice
Dobberphuler S./
J. Dobropolskie
(Thon-
feld)
Steinfeld/
PGR Sarbinowo
Schlegels-
burg/
PGR Klicko
Rehnitzer Klietz S./
J. Renicle
Louisen-
thal/Zgoda
(Neuen-
burger
Feld)
Neuenburg/
Nowogródek
Pomorski
(Karls-
felde)
Lieben-
felde/
Nawrocko
WERBLITZ/
WIERZBNICA
(Brügger)
124
Pinnow/
Pniów
Mietzel-
felde/
Myśliborzyce
Brügge/
Ławy
Rösselb./
88
Zarośląk
Tempelhof/
Świątki
(Ihlows-
hof)
Gut Werblitz/
PGR Wierzbówek
PGR
Rostiner See/
J. Rościnskie
(Elisen-
hof)
(Wilhelmsau)
Clarasee/
Bagniec
Schöne-
berg/
Trzcinna
Kiehnbruch/
Chojna
Kol.
Myśliborzyce
Riesenb./
104
Nałęcz
Rostin/
Rościn
Griesenfelde/
Gryżyno
Brügger Berge/
Grn. Ławy
(Louisen-
hof)
Kossäther
Rataje
Woltersdf./
Dalsze
Staffelde/
Staw
(Kusensee/
Jez. Kozie)
Landwehr/
Chocień
Teerofen/

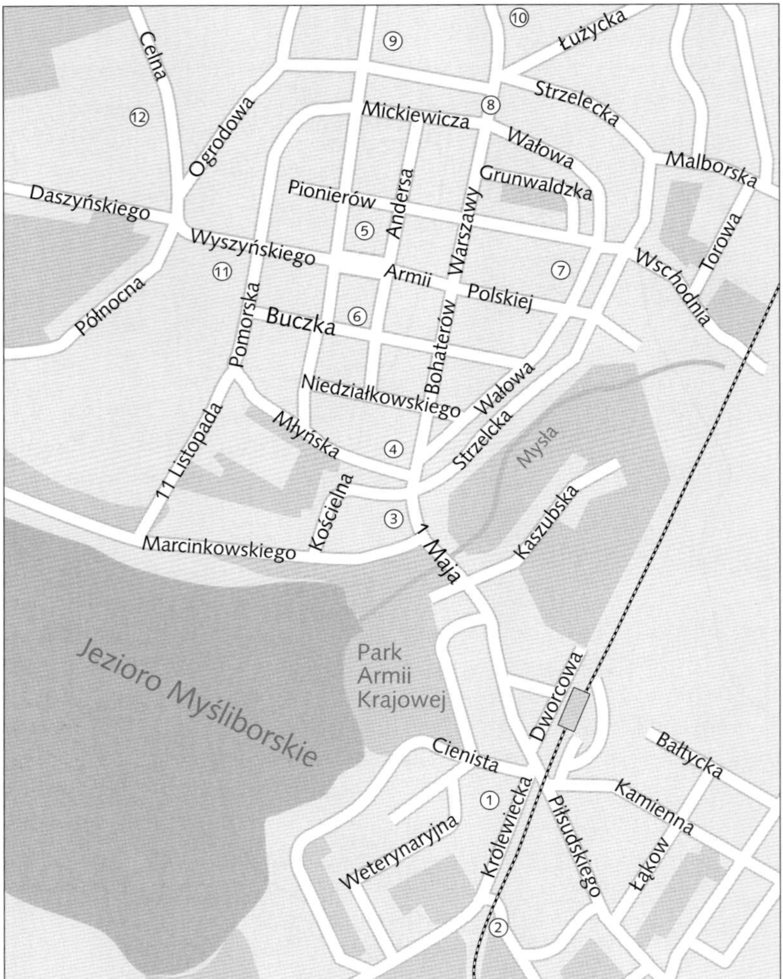

Myślibórz (Soldin)

Legende

1 Bushaltestelle
2 Jerusalemkapelle
3 Kirche zum Heiligen Kreuz
4 Regionalmuseum
5 Domkirche
6 Rathaus
7 Ehemaliges Dominikanerkloster
8 Neuenburger Tor
9 Pulverturm
10 Gertraud-Kapelle
11 Pyritzer Tor
12 Friedhof

Mit der Ansiedlung eines Dominikanerklosters im Jahre 1275 und eines Prämonstratenser Kollegiatstiftes im Jahre 1298 sowie der Verlegung des Propsteisitzes von Zantoch (Santok) nach Soldin wurde der Ort ein kirchliches Zentrum. Als Tagungsort der Landstände und Sitz des Landreiters war es verwaltungsmäßiger Hauptort der mittelalterlichen Neumark.

Im Jahre 1352 wurde die Hauptstraße von Landsberg (Gorzów) nach Pyritz (Pyrzyce) durch Soldin verlegt. Das bedeutete einen wirtschaftlichen Aufschwung; Jahrmärkte wurden abgehalten und Speicher errichtet. Erst als 1535 Markgraf Johann Küstrin zu seiner Hauptstadt machte, ging die Bedeutung von Soldin zurück. Aber noch 1540 wurde Soldiner Maß und Gewicht für die gesamte Neumark verbindlich.

Um 1700 mußte die Stadt nach den Zerstörungen des Dreißigjährigen Krieges wieder aufgebaut werden, der Siebenjährige Krieg richtete erneut große Schäden an.

Seit 1816 war Soldin brandenburgische Kreisstadt. Die wichtigsten Erwerbsquellen der Einwohner waren Ackerbau, Viehzucht, Brauerei und Tuchweberei. Es gab Vieh- und Wollmärkte. Über die Neumark hinaus bekannt wurde ein Markenprodukt der Molkerei unter der Bezeichnung ›Soldiner Käschen‹.

Im Jahre 1881 war die Eisenbahnverbindung nach Küstrin (Kostrzyn) und Stargard (Stargard Szcz.) hergestellt, später kamen die Strecken nach Landsberg (Gorzów) und Arnswalde (Choszczno) hinzu. Zwischen den beiden Weltkriegen wurden viele Straßen um die Stadt herum aus heimischen Granitsteinen angelegt.

Nach 1945 entwickelten sich vorrangig die Nahrungsmittelverarbeitung und die Konfektionsindustrie. Bei der Verwaltungsreform von 1975 kam Myślibórz von der Wojewodschaft Szczecin nach Gorzów. Seit 1999 gehört es wieder zu Zachodniopomorski (Westpommern) und ist Kreisstadt. Bis zum Ende der deutschen Zeit hatte die Stadt etwas über 6000 Einwohner, jetzt sind es mit den umliegenden Gemeinden rund 22 000.

In jüngster Zeit gibt es viele Bemühungen, die Stadt und ihre Umgebung für deutsche Gäste attraktiver zu gestalten. Dazu gehören großzügige Prospekte und, neben einem gut ausgestatteten Hotel, auch bescheidenere Unterkünfte.

Ein Stadtrundgang

Der Gang durch Myślibórz nimmt beim zentralen Haltepunkt für den Busverkehr seinen Anfang. Er befindet sich im südlichen Stadtteil nahe des Bahnüberganges. Dieser wird zunächst zur Besichtigung der Jerusalemskapelle überschritten. Das kleine Gebäude gleich rechts wurde 1514 geweiht und zur deutschen Zeit im Volksmund als ›Klus‹, Klause, bezeichnet. Jetzt dient es der Bevölkerung wieder zur Verehrung von Jesus und Maria.

Am Marktplatz von Myślibórz (Soldin), im Hintergrund der Turm der Domkirche

Von hier wendet man sich zurück in Richtung Zentrum. Rechts erblickt man das alte Bahnhofsgebäude und kommt vorbei am nicht mehr bespielten Kino über die Brücke der Myśla (Mietzel). Von hier bis zum Ausfluß aus dem See breitet sich ein Park mit vielen Bänken aus. Das Bett des Flüßchens ist eingefaßt.

Geradeaus erhebt sich die kleine Kirche ›Zum Heiligen Kreuz‹. Ein Blick auf die schmucke Innenausstattung dieser Wallfahrtskirche lohnt sich. Gleich daneben wurden im Fachwerkstil neue Gebäude für ein Nonnenkloster errichtet. Als nächste Sehenswürdigkeit schließt sich das Regionalmuseum in der ehemaligen Heiliggeist-Kapelle aus der Zeit um 1400 an, die lange als Speicher diente. Schwerpunkte der Ausstellung bilden das Siedlungswesen in slawischer Vorzeit und die Stadtgeschichte. Dazu gibt es wechselnde Ausstellungen, auch gemeinsam mit der in Soltau befindlichen Heimatstube des ehemaligen Kreises Soldin.

Zwei Kreuzungen weiter verläßt man die Hauptstraße und biegt nach links in Richtung Marktplatz ab, wo man direkt auf das Rathaus stößt. Der langgestreckte Bau mit seiner reizvollen Fassade stammt aus dem 18. Jahrhundert. Der Platz davor mit Springbrunnen – einem Gedenkstein für die Inbesitznahme der Stadt durch die polnische Armee sowie einem weiteren für Papst Johannes Paul II. –, Blumenrabatten und Sitzplätzen lädt zu einer Rast ein.

Gegenüber dem Rathaus führt eine Gasse zur Domkirche. Ihr Ursprung war ein Granitquaderbau, der schon um 1300 zu einer dreischiffigen Hallenkirche mit mächtigem Turm verändert wurde. Als Dom trug sie die Bezeichnung St. Peter und Paul. Künstlerisch wertvoller Mittelpunkt des Gotteshauses ist der Barockaltar vom Ende des 17. Jahrhunderts.

Vom Markt geht man zurück, überquert die Hauptstraße, Bohaterów Warszawy, und erreicht das einstige Dominikanerkloster aus dem 13. Jahrhundert. Sein Kirchenflügel wurde zum Kulturhaus umgestaltet, ein zweiter noch vorhandener zur Bibliothek. Eine Innenbesichtigung lohnt sich, vor allem das Erdgeschoß der Bibliothek. Im Flur kann man in deutscher Inschrift die Geschichte des Gebäudes nachlesen, das von 1928 bis 1945 als Museum diente. Eine schmiedeeiserne Tür führt zu einem Raum mit schönen Säulen und Gewölben, hier befand sich einst die Klausur. Dem früheren Klosterhof schließen sich Schulgebäude an.

Der Spaziergang führt wiederum zur Hauptstraße und auf dieser nach rechts zum Neuenburger Tor (Nowogrodzka), in dem sich die Jugendherberge befindet.

Stadtauswärts ist die St. Gertrud-Kapelle (Gertrudy) zu sehen. Der Ziegelbau aus dem 15. Jahrhundert beherbergt heute ein Künstleratelier. Wenn geöffnet ist, kann man die Plastiken und Bilder betrachten und die Meister bei ihrer Arbeit bewundern. Direkt daneben befindet sich das Hotel ›Piast‹, und es schließen sich Neubau- und Gewerbegebiete an.

Vom Neuenburger Tor geht der Rundgang entlang der Stadtmauer weiter. Obwohl nur noch Fragmente der einst 49 Türme und Wachhäuser vorhanden sind,

Der Gedenkstein auf dem Friedhof erinnert an die hier bestatteten Deutschen

kann man sich vorbei am Pulverturm (Prochowa) und bis zum Pyritzer Tor (Pyrzycka) einen guten Eindruck von den Befestigungen verschaffen.

Nun kann man noch einmal einen Abstecher zur Stadt hinaus unternehmen. Auf der Straße Celna (der ehemaligen Zollener Straße) kommt man im Bogen nach rechts zum Friedhof. Hinter der Trauerhalle erhebt sich ein großes Granitkreuz mit der Aufschrift ›Ich bin ein Mensch‹. Daneben befindet sich seit 1993 ein Gedenkstein für die hier bis 1945 bestatteten deutschen Toten.

Ein Stück jenseits des Ortsausganges steht rechts von der Straße ein würdiges Denkmal zur Erinnerung an 120 deutsche Zivilisten, die hier im Februar 1945 von Soldaten der Roten Armee erschossen wurden.

Vom Pyritzer Tor verläuft der Weg neben der Stadtmauer weiter. Wo sie unterbrochen ist, führt die Straße nach rechts hinter dem Sportplatz zum See. Angebracht ist nun noch ein Promenadenbummel neben der Badeanstalt und dem Zeltplatz. Unterwegs fällt ein originelles Haus in Pilzform auf.

Dann wendet man sich in die andere Richtung, vorbei am Segelsportzentrum mit den vielen bunten Booten, und zum Park an der Myśla (Mietzel). An Brücke, Fluß und Seeufer finden sich viele beschauliche Plätze für eine Rast. Nun ist der Endpunkt des Rundganges gleich erreicht: Neben den Gebäuden der traditionsreichen Molkerei befindet sich der Bushaltepunkt.

Die Umgebung

Der See Myśliborskie (Soldiner See) erstreckt sich vom Stadtrand fast sieben Kilometer in nördlicher Richtung, ist bis zu 1600 Meter breit und über 22 Meter tief. Er ist buchtenreich und weist unterschiedliche Uferformen auf. Eine Wanderung kann man von der Badeanstalt auf dem Promenadenweg beginnen. An einer Wiese wendet man sich vom Gewässer ab zum Ehrenfriedhof für 1945 gefallene polnische und russische Soldaten. Die Anhöhe mit dem Denkmal wird überquert. An der entgegengesetzten Seite führt eine befestigte Straße in die Stadt zurück. Links von ihr sehen wir eine Bucht des Soldiner See und rechts ein kleineres Gewässer mit dem deutschen Namen Springsee.

Am Soldiner See

Mit dem Fahrrad rund um den Soldiner See

Eine Umrundung des Gewässers mit dem Fahrrad bietet sich geradezu an, die Strecke ist rund 30 Kilometer lang. Man verläßt Myślibórz am Friedhof und fährt über Dąbrowa (Eichwerder) und Czółnów (Zollen). Hinter diesem Dorf ist links der See zu sehen und auf Feldwegen zu erreichen. An der Allee folgt das Von-Saldern-Denkmal, das den gleichnamigen Landrat (1886–1968) für seine Verdienste beim Anlegen von Straßen ehrt.

An der nächsten Straßengabelung biegt man links ab. Durch urwüchsiges Waldgebiet wird Kierzków (Kerkow) und später Rów (Rufen) erreicht, letzteres ein Dorf mit einer hübschen Kirche, hinter der man nach links abbiegt. Nun geht es schnurgerade auf Golenice (Schildberg) zu. Der große Gutshof mit dem Schloß, der Park und die uralte Kirche mit dem auffallenden Turm sind durchaus Besichtigungen wert. Während man den Ort in Richtung Myśibórz verläßt, sieht man rechts am See einen kleinen Wald. Dieser bedeckt das Gelände eines slawischen Burgwalles.

Man erreicht nun eine weite, fruchtbare Ebene. Links kann man einen Abstecher nach Kruszwin (Simonsdorf) oder an weitere Uferstellen zum Soldiner See unternehmen. Man muß aber immer wieder auf die Straße zurück. Hinter der Siedlung am Stadteingang von Myślibórz befindet sich eine Badestelle. Hier kann man sich zum Abschluß der Rundfahrt erfrischen.

Mit dem Fahrrad zum Klickstein

Auch zum Klickstein und nach Pszczelnik (Kuhdamm) unternimmt man die Exkursion am besten mit dem Fahrrad. Myślibórz wird auf einer schattigen Allee in Richtung Kostrzyn (Küstrin) verlassen. Hinter Wierzbnica (Werblitz) biegt man nach rechts ein. Am Ortseingang von Nawrocko (Liebenfelde), wo man vielleicht noch den Gutspark aufsucht, geht es links nach Rościn (Rostin). Neben der Straße liegt ein Badesee. Beim Durchfahren des Dorfes fällt eine Feldsteinkirche auf, die zu den ältesten der Region gehört. Das große Herrenhaus dahinter befindet sich leider in einem schlechten Zustand.

An der Gabelung des Ortsausganges biegt man schließlich links ein, um danach auf Feldwegen nach rechts einen kleinen Wald zu erreichen. In ihm befinden sich inform eines mächtigen Granitblockes das sagenumwobene Naturdenkmal Klickstein und zahlreiche kleinere Findlinge. Einige davon bedecken Hünengräber. Die große Wiese hinter dem Klickstein-Wald ist ein Treffpunkt der Störche. An manchen Tagenl kann man bis zu 30 Exemplare der großen Vögel auf ihr beobachten.

Der Klickstein

Beim Rückweg wird in Rościn an der Kreuzung nach rechts abgebogen und am Bahnhof der Schienenweg überquert. Vorbei an den Einzelgehöften von Pszczelnik (Kuhdamm) ist die Chaussee erreicht. Auf ihr geht es nur eine kurze Strecke nach links. Dann weisen rechts Schilder den Waldweg zum Denkmal an der Flugzeugabsturzstelle von 1933. Zwei litauische Atlantiküberquerer ließen hier ihr Leben. Ihnen zu Ehren gibt es die Erinnerungsstätte und ein Museum. Man kann weiter durch den Wald über Dalsze (Woltersdorf) oder zurück vorbei an Gryzyno (Griesenfelde) wieder den Ausgangspunkt Myślibórz erreichen.

Ein weiteres Ausflugsziel von Myślibórz aus nach Nordosten ist Renice (Rehnitz) mit Schloß, Park, Kirche und See. Im Osten liegen die Orte Ławy (Brügge), Nowogródek (Neuenburg) und Trzcinna (Schöneberg) mit ihren interessanten Kirchen in hügeliger Landschaft. Im Südosten erreicht man eine wald- und wasserreiche Region, die vom See Białe (Weißer See) bei Staw (Staffelde) bis zum See Marwickie (Stegsee) bei Sciechów (Fahlenwerder) reicht. In der Nähe von Sciechów liegt zudem ein Sumpf-Naturschutzgebiet, und auch ein Campingplatz ist nicht weit.

Im Südwesten liegt schließlich Różańsko (Rosenthal) mit seiner großen Feldsteinkirche, Chlopowo (Herrendorf) mit einem alten Brennereigebäude und einer Fachwerkkirche und Czarników (Zernickow) mit dem am See gelegenen Herrenhaus und alter Kirche sowie einem Reservat zum Schutz alter Baumbestände.

Die Kirche in Różańsko (Rosenthal)

Die Entfernung von den Grenzübergängen Küstrin-Kietz und Schwedt beträgt jeweils etwa 45 Kilometer.

Eine Bushaltestelle befindet sich an der Stadtausfahrt nach Kostrzyn (Küstrin).

Die Bahnstrecke von Küstrin aus wurde eingestellt.

Taxis stehen am Bahnhof und am Marktplatz, Tel. 747 25 00 (Bahnhofstaxis).

Postleitzahl: 74-300; Vorwahl: 095.

Hotel und Restaurant ›Piast‹, Straße Luzycka 1, Tel. 747 20 04; sehr gepflegt.
Hotel und Restaurant ›Adria‹, Straße Lipowa, Tel. 747 23 91.
Seglerheim ›Szkuner‹, Straße Marcinkowskiego 5, Tel. 747 25 12, mit Zimmervermietung.
Raststätte ›U Myślibora‹ an der Straße bei Renice, Tel. 747 21 52, mit Zimmervermietung.
Jugendherberge, Straße Armii Polsniej (Lyzeum), Tel. 747 33 54.
Jugendherberge Tor Nowogrodzka, Straße Boh. Warszawy, Tel. 747 32 09.
Das Internat, Straße 11 Listopoda, ist während der Ferien für Gruppen zugänglich.
Restaurant ›Myśliborzanka‹, Rynek 12 (Markt), Tel. 747 21 91; besonders empfehlenswert, auch für Gruppen.
Pizzeria, Rynek 9 (Markt).
Bar ›Gastrom‹, Straße Spokojna 22.
Gasthaus ›Wiking‹ in Renice (Rehnitz) an der Straße Richtung Lipiany (Lippehne).
Gaststätte ›Warta‹, Straße Bohaterów Warszawy 8, Tel. 747 24 57.
Weinstube ›U Woja Myślibora‹ im Kulturhaus, Tel. 747 27 23.
Gaststätte mit Terrasse in Różańsko (Rosenthal) mit deutschsprachiger Bewirtung.

Campingplatz an der Seepromenade, Sommer-Erholungszentrum ›Samba‹, ebenfalls an der Seepromenade; in Sciechów (Fahlenwerder): Camping am See Marwickie (Steg-See).

Regional-Museum, Straße Bohaterów Warszawy 74, Tel. 747 24 48.
Kulturhaus, Str. Klasztorna 3, Tel. 747 27 23.
Museum und Denkmal bei Pszczelnik (Kuhdamm) zur Erinnerung an den Absturz eines litauischen Flugzeugs im Juli 1933.
Künstleratelier und Werkstätten Anne Peschken ›Versenkung Nr.4‹ an der Straße Richtung Golenice (Schildberg) Utonie (Thonfeld) Tel.747 45 76.

Bootsausleihe ›Szkuner‹, auch Segeln, Tel. 747 25 12; Wasserski-Möglichkeit an der Badeanstalt.

Tankstelle am Bahnübergang Richtung Kostrzyn (Küstrin) und an der Straße in Richtung Czolnow.

Lipiany (Lippehne)

Das Zentrum der alten Lindenstadt liegt idyllisch zwischen zwei Seen. Doch das gastronomische Angebot zeigt sich eher bescheiden, dafür kann man hier romantische mittelalterliche Atmosphäre und eine vom Wechsel von Gewässern, Wäldern, Feldern, Ebenen und Anhöhen geprägte ruhige Landschaft genießen. Besonders Wassersportler, Angler und Wanderer kommen ganz auf ihre Kosten.

Das Rathaus von Lipiany

Geschichte

Besiedlungen sind bereits aus der Steinzeit, der Bronzezeit und der frühen Eisenzeit durch Funde nachgewiesen. Von etwa 400 bis 600 nach der Zeitenwende lebten hier die germanischen Burgunden, denen im Zuge der Völkerwanderung Slawen folgten. Im Jahre 1124 taufte der Bischof von Bamberg während einer Missionsreise Einwohner dieser Region.

Das ›Land Lipana‹ befand sich vom 12. bis zum 13. Jahrhundert als pommersche Festung im Besitz des Bistums Kammin, kurze Zeit gehörte es auch zum Kloster Chorin. Im Jahre 1276 erwarb es der brandenburgische Markgraf. Nach dem Ende der Askanier im Jahre 1319 erhob der Bischof wieder Anspruch auf Lippehne. Aber per Gerichtsurteil blieb das Gebiet bei Brandenburg. Nur einige Jahrzehnte herrschten zwischendurch die Kreuzritter. Trotzdem gab es jahrhundertelang Grenzstreitigkeiten. Noch im Jahre 1467 wurde Lippehne von den Pommern verwüstet, nachdem schon um 1430 die Hussiten den Ort zerstört hatten. Wahrscheinlich ist aus diesen Gründen die im Jahre 1290 bezeugte Niederlassung der Augustiner-Eremiten wieder aufgehoben worden. Im 17. Jahrhundert brannte die Stadt dreimal völlig ab. Hinzu kamen Besetzungen im Dreißigjährigen Krieg und die Pest, so daß Lippehne in der Mitte dieses Jahrhunderts noch etwa hundert Einwohner hatte.

Berühmt war seit dem 15. Jahrhundert das sogenannte ›Lippehner Trinkrecht‹, das zur Folge hatte, daß es zeitweise bis zu 87 Braustellen in und um Lippehne gab. Von der Erprobung des Gerstensaftes durch die Ratsherren erzählt die Wadepuhl-Legende.

Das Trinkrecht der Stadt Lippehne

Die Brauhäuser der Neumark hatten von altersher die Pflicht, dem Rate der Stadt von jedem Gebräu eine Kanne zur Probe zu überreichen. Beim Probetrinken in der Ratsversammlung ging es in der Weise zu, daß der Herr Bürgermeister den Humpen zuerst erfaßte und einen kräftigen Schluck tat; sodann reichte er ihn dem ältesten Ratsmitgliede, von dem er dann weiter wanderte bis zum jüngsten. Einst geschah es, daß der jüngste Ratsherr, Peter Wadepuhl geheißen, mit seinem Nachbarn in Streit geriet. Als darauf beim Probetrinken der Krug am Ratstische kreiste, tat der beleidigte Nachbar einen so kräftigen Schluck, daß für Peter Wadepuhl fast nichts mehr übrig blieb. Der Fall, das sahen auch die Ratsherren ein, war schwierig. Es könnte ja einmal der Bürgermeister oder einer der älteren Ratsherrn den gleichen Durst entwickeln, und dann bliebe ihnen allen nichts übrig. Aus diesem Grunde wurde der Landesherr befragt. Dieser übergab ein Schriftstück mit dem rätselhaften Text: ›Qui bibit ex negas, ex frischibus incipit ille.‹ Nachdem ein des Lateinischen kundiger Gelehrter diesen Richterspruch mit ›Wer austrinkt die Neig', fängt an vom Frischen zu trinken‹ übersetzt hatte, lobte man das Urteil und beschloß, es sofort zu erproben. Als nun der Jüngste den Krug erhielt, war wiederum nur ein schäbiger Rest darin. Diesmal trank er ohne zu murren bis zur Neige, wußte er doch, daß ihm die Kanne wieder neu gefüllt werden sollte. Von der Zeit an herrschte Frieden zwischen den beiden jüngsten Ratsherren.

Der Brunnen in Lipiany illustriert die Legende vom Trinkrecht

Weithin bekannt wurde auch, daß der spätere Reichskanzler Bismarck 1842 als junger Leutnant hier seinen Burschen vor dem Ertrinken rettete. Dafür erhielt er eine Medaille. Von 1883 bis 1945 stand an dieser Stelle ein Erinnerungsdenkmal.

In der zweiten Hälfte des 19. Jahrhunderts siedelten sich in dem Ackerbürgerstädtchen kleine Betriebe an, und 1881 war der Eisenbahnanschluß an der Strecke Küstrin–Stargard hergestellt. Auf mehr als rund 4500 Einwohner stieg jedoch die Bevölkerung nicht an. Auch zur polnischen Zeit gab es kaum eine Weiterentwicklung, und zusammen mit den umliegenden Dörfern leben jetzt hier etwa 6600 Menschen. Kurz nach dem Krieg war Lipiany zunächst Kreisstadt, da das stark zerstörte Pyrzyce (Pyritz) diese Funktion nicht ausführen konnte. In den siebziger Jahren entstand eine Umgehungsstraße, die seither den starken Verkehr von der Altstadt fernhält.

Ein Stadtrundgang

Leider sind viele der alten Häuser in schlechtem Zustand, ein Rundgang macht jedoch auch mit romantischen, schönen Ecken bekannt. Er beginnt am Marktplatz, dem Plac Wolności. Hier befinden sich Parkmöglichkeiten wie auch der zentrale Bushaltepunkt. Um die mit Bänken, einem Brunnen und Grünanlagen gestaltete Fläche und das reizvolle klassizistische Rathaus aus dem 18. Jahrhundert herum befinden sich Häuserzeilen mit Geschäften, einem Café und einem Restaurant.

Auffallend ist ein mächtiger Baum. Er wurde im Januar 1816 als Friedenseiche gepflanzt, nachdem Napoleon endgültig besiegt worden war. Nach 1945 hieß er nach der Tradition des einheimischen Brauereiwesens ›Piworowa‹ (aus poln.: piwo = Bier). An die Legende von der Bierverkostung im 15. Jahrhundert das Relief am Rathausgiebel mit dem Stadtwappen, das neben dem halben brandenburgischen Adler drei Sterne zeigt. Früher stand darauf noch eine männliche Figur.

Durch eine Gasse führt der Weg zur Kirche. Nur die untersten Steine des Gotteshauses stammen aus dem 13. Jahrhundert. Im 19. Jahrhundert wurde es vollständig neogotisch umgebaut und nach einem Brand im Jahre 1911 sehr schlicht wiederhergestellt, aber mit schönem Gestühl und zahlreichen Chören.

Vor dem Haupteingang der Kirche führen Stufen hinunter. Nach rechts kommt man zum Basar und läuft auf der belebten Straße in Richtung Pyritzer Tor (Brama Pyrzycka). Es ist das schönste mittelalterliche Bauwerk der Stadt. Der obere Teil des Torturmes wird auf zwei Ebenen durch Zinnen verziert. Darüber ragt eine achteckige, massiv geformte Spitze empor. Leider ist der Turm gegenwärtig nicht zugänglich. Der Rundgang führt weiter stadtauswärts vorbei am Postamt, an einer Parkanlage und an der Tankstelle bis zum stillgelegten Bahnhof, in dem sich jetzt ein Restaurant befindet. Gegenüber der Station steht das Armaturenwerk. Nach kurzer Strecke auf der Umgehungsstraße biegt man nach rechts ab. Bald sind der Sportplatz und die Badeanstalt in Sicht. Daran grenzt ein kleiner Campingplatz mit Urlaubsbungalows an. Hinter der Wasserfläche erheben sich die Hügel der Halbinsel Burgwerder, auf der es wahrscheinlich vorgeschichtliche Besiedlungen gab.

Auf der Straße Lipowa (Kienwerder) führt der Weg zur Altstadt zurück. Links am Seeufer wurde in jüngster Zeit das geschmackvolle Motel ›Hangar‹ einschließlich Restaurant errichtet. Die Gäste können einen Grillplatz am Wasser

Das Pyritzer Tor in Lipiany (Lippehne)

Der Baum- und Strauchgarten in Przelewice (Prillwitz)

sowie Boote nutzen oder auch angeln. Zurück am Pyritzer Tor biegt man diesmal vor dem Bauwerk nach links ab. Entlang der hohen Stadtmauer aus Feldsteinen und Ziegeln ist bald das Kulturhaus erreicht. In diesem Gebäude ist auch die Radiostation ›Lipiany‹ untergebracht. Dahinter führt ein Spazierweg auf die schon erwähnte Halbinsel. Immer zwischen Stadtmauer und Wassergrundstücken geht es weiter zum Soldiner Tor (Brama Myślibórska). Mit seinem Satteldach und zwei Giebeln wirkt es recht schlicht.

Stadtauswärts überquert man die Brücke und den Damm zwischen den Seen Wadół und Kościelne. Früher waren sie unter der Bezeichnung Wendelsee ein zusammenhängendes Gewässer. Links hinter dem Fließ kann man an das Ufer hinuntergehen. Dann gabelt sich die Straße, links führt sie zu einem neueren Wohngebiet, geradeaus Richtung Barlinek (Berlinchen). Wenn man rechts weitergeht, kommt man bald zum Friedhof. Diese Stätte mit alten Bäumen und am See sollte man noch aufsuchen. Vor der Trauerhalle wurde 1995 ein Gedenkstein für die bis 1945 hier beigesetzten deutschen Bewohner mit der Aufschrift ›Zum Gedenken an unsere lieben Toten‹ eingeweiht.

Auf dem Rückweg biegt man am Tor auf eine schmale Promenade nach links ein und kann später von einer Wiese am See wieder zum Ausgangspunkt, der Kirche und dem Marktplatz, zurückkehren. Oder man nimmt die nächste Straße hinter dem Tor nach links. Von den alten Bauern- und Bürgerhäusern im Fachwerkstil wurde eines hier in der Straße Szkolna (Luisenstraße) sehr schön restauriert. Es beherbergt die öffentliche Bibliothek mit einer historischen Fotoaustellung, die man über den Innenhof erreicht. Die Straße endet an den Schulgebäuden und geht in die Straße Kosziuszko (Letzte Straße) über, durch die man zur Kirche gelangt.

Die Umgebung

Lohnenswerte Exkursionen kann man entlang des Sees Wadół (Wendelsee) zur Halbinsel Lindwerder machen und an einer See-Enge den mächtigen Riesenstein bewundern. Oder man fährt nach Westen zum See Chłop (Kloppsee), der mit schönen Badestellen und der uralten Nikolai-Eiche lockt, von deutschen Bewohnern der Gegend früher Siebenbrüdereiche genannt . Auch in Richtung Norden finden sich bei Debięc (Eichhorst) sowie bei Skrzynka (Grüneberg) kleinere Gewässer und Aussichtspunkte. Auf der sogenannten Napoleonhöhe in Debięc steht eine Lindengruppe, die den Feldherrn im Gefolge von Generälen darstellen soll.

Sehenswerte Herrenhäuser des Umlandes befinden sich in Skrzynka (Grüneberg), Batowo (Batow), Krasne (Kraazen – einst im Besitz der Künstlerfamilie Cranach), Mostkowo (Chursdorf), Sulimierz (Adamsdorf), Sitno (Hohenziethen) und Derczewo (Dertzow).

Die wertvoll ausgestattete Dorfkirche von Brzesko (Brietzig) im Norden ist eine Wallfahrtsstätte, vor allem zur Erinnerung an die Missionsreise des Bischofs von Bamberg im Jahre 1124. Interessante Gotteshäuser findet man auch in Jesionowo (Schönow), Dziedzice (Deetz), Sulimierz (Adamsdorf), Glasów (Glasow), Otanów (Wuthenow), Sitno (Hohenziethen), Derczewo (Dertzow) und Mielęcin (Mellentin).

Nach Przelewice (Prillwitz) lohnt sich ein gesonderter Tagesausflug. Das große Dorf beherbergt nicht nur eine Granitquaderkirche aus dem 13. Jahrhundert und ein in Restaurierung befindliches klassizistisches Herrenhaus, sondern auch einen dendrologischen Garten. Hier wachsen auf einer Fläche von 30 Hektar etwa 1000 einheimische und exotische Baum- und Straucharten sowie bodenbedekkende Pflanzen. Bei Rundgängen lernt der Besucher im Wechsel von englischem Garten und gepflegten Beeten unterschiedliche Landschaftsformen kennen, außerdem ein japanisches Teehaus und eine Mausoleumsruine.

Zum Einkaufsbummel bietet sich das rund 20 Kilometer nördlich gelegene Pyrzyce (Pyritz) mit seinen über 13 000 Einwohnern an. Trotz Kriegsschäden sind hier noch zahlreiche historische Bauten sehenswert, darunter Stadtmauer, Mauritiuskirche, Augustiner-Klosterkirche und Heiligengeistkapelle, heute Bibliothek.

Die Entfernung beträgt von den Grenzübergängen Küstrin-Kietz und Schwedt jeweils etwa 60, von Hohenwutzen etwa 80 Kilometer.

Bushaltepunkt und Taxistand findet man am Marktplatz.

Die Bahnverbindung von Küstrin aus wurde eingestellt.

Postleitzahl: 74-240; Vorwahl: 092.

Zimmervermittlung im Kulturhaus, Straße Okrzei 5, Frau Bozena Iwasiuk, Tel. 764 10 91.
Motel ›Hangar‹, Straße Lipowa 2a, Tel./Fax 76 12 96; sechs gut ausgestattete Appartments für je vier Personen.
Motel an der Umgehungsstraße nahe des Sees Kościelne Eko-Camp am See Chłop (Klopp), Reservierungen über Tel. 091/464 11 34 48. Das Camp bietet Sommerhäuser an.
Hotel und Restaurant ›Zajazd Debięc‹, Debięc Nr. 3, Tel. 764 15 12.
Café und Konditorei, Straße Sienkiewicza 3 (nähe Markt), Tel. 764 11 52.
Bar ›U Lecha‹, Straße Armii Krajowej; Bar ›Złoty Róg‹, Straße Barlinecka.
Restaurant ›Herbowa‹ am Markt, Restaurant im früheren Bahnhof.

Dendrologischer Park in 74-210 Przelewice, Tel. 764 30 80; geöffnet vom 15. April bis 31. Oktober täglich von 9 Uhr bis zur Dämmerung, sonst nach Absprache, Führungen nach Anmeldung.
Foto-Ausstellung ›Lippehne vor 1945‹ in der Bibliothek, Straße Szkolna.

Tankstelle, Straße Jedności Narodoweij, Richtung Bahnhof.

Barlinek (Berlinchen)

Nicht umsonst durfte sich dieses Städtchen früher mit dem Beinamen ›Perle der Neumark‹ schmücken. Noch immer übt es auf Urlauber eine große Anziehungskraft aus, was vor allem dem großen See mit seinem sauberen Wasser, dem Tal der Płonia (Plöne) und dem hügeligen Waldgebiet in der Umgebung zu verdanken ist.

Im Regionalmuseum von Barlinek

Geschichte

Barlinek ist eine der wenigen Städte im ehemaligen östlichen Brandenburg, für deren Gründungstag ein urkundliches Zeugnis vorliegt. Der Ritter Heinrich Toyte wurde in diesem Dokument vom 25. Januar 1278 von den Markgrafen Otto und Albrecht bevollmächtigt, die Stadt Neu-Berlin anzulegen. Damit sollte die nordöstliche Grenze der Neumark besser gegen die Pommern gesichert werden. Wahrscheinlich gehörten zu den ersten Siedlern Fischer oder Bauern aus Berlin. Der Ort wurde durch hohe Mauern und Türme stark befestigt.

Obwohl sich die Landesgrenze bald verschob, hat die Stadt durch Kriege, Brandschatzungen, Hungersnöte und Seuchen viel zu leiden gehabt. Während des

Am Seglerhafen von Barlinek

Dreißigjährigen Krieges wurde sie in Schutt und Asche gelegt und verelendete nach dem Russeneinfall im Jahre 1758 vollends.

Dank der Lage an Handelsstraßen, an fischreichen Seen und fruchtbarem Land erholte sich Berlinchen, das im Mittelalter dem Landesherrn direkt unterstand, immer wieder. Neben Ackerbau und Viehzucht, gab es Holzverarbeitung und bis etwa 1850 eine bedeutende Tuchmacherei. Es etablierten sich Wassermühlen, Ziegeleien, eine Pflugfabrik, Kalksandstein- und Stuhlfabriken. Um 1850 wurde die Chaussee nach Landsberg (Gorzów) ausgebaut. 1883 erhielt Berlinchen Bahnanschluß über Soldin (Myślibórz) nach Küstrin (Kostrzyn), der 1898 bis Arnswalde (Choszczno) verlängert wurde. Im Jahre 1800 lebten bereits 5736 Menschen in der Stadt. Bald kamen viele Touristen nach Berlinchen. Als 1928 das 650jährige Stadtjubiläum begangen wurde, reisten mit einem Sonderzug mehr als 600 Berliner an. Die Stadt genoß jetzt den Ruf als‹Perle der Neumark‹.

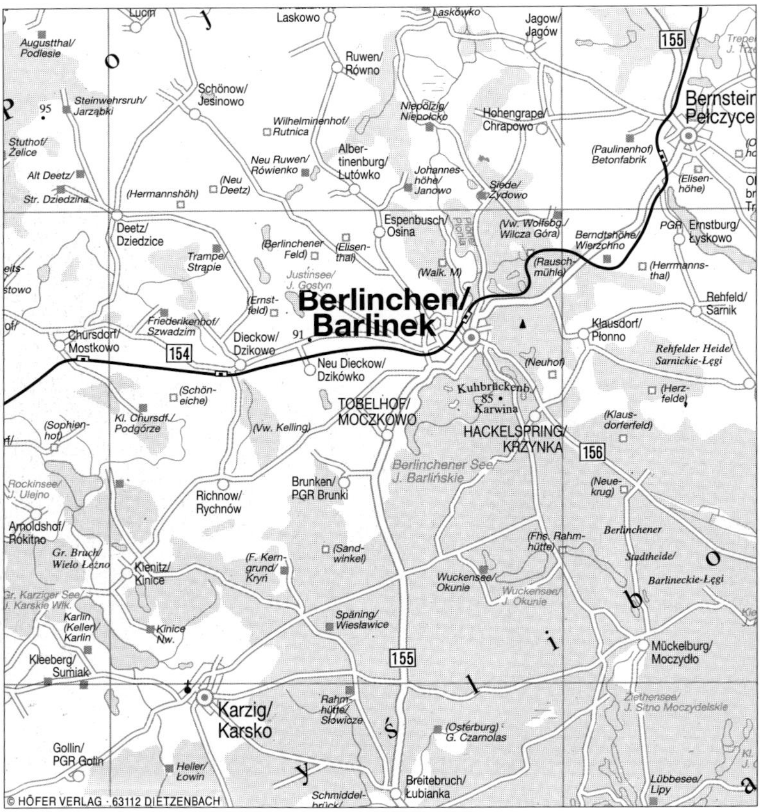

Bei der Übernahme der Stadt durch die polnische Verwaltung im Jahre 1945 lautete der neue Name zunächst Berlinek. Obwohl etwa die Hälfte des Zentrums durch Kriegsfolgen zerstört war, entfaltete sich der Ort bald wieder. Vor allem der Rohstoff Holz und die Urlauberzentren am See sorgten dafür.

Heute wird den Touristen neben der wundervollen Landschaft ein schmuckes Stadtbild mit vielen Möglichkeiten der Gastronomie, des Sports, der Kultur und des Einkaufens geboten.

Ein Stadtrundgang

Auf dem großen, langgestreckten Marktplatz steht mit dem Gänseliesel-Brunnen das Wahrzeichen von Barlinek. Die reizvolle Figurengruppe wurde 1912 vom Münchener Bildhauer Ackerberg geschaffen und Anfang der neunziger Jahre mit deutscher Unterstützung restauriert. Hier ist ein günstiger Treffpunkt für den Spaziergang durch die Stadt. An der Seite mit den Grünanlagen, in denen sich der

Der Gänseliesel-Brunnen

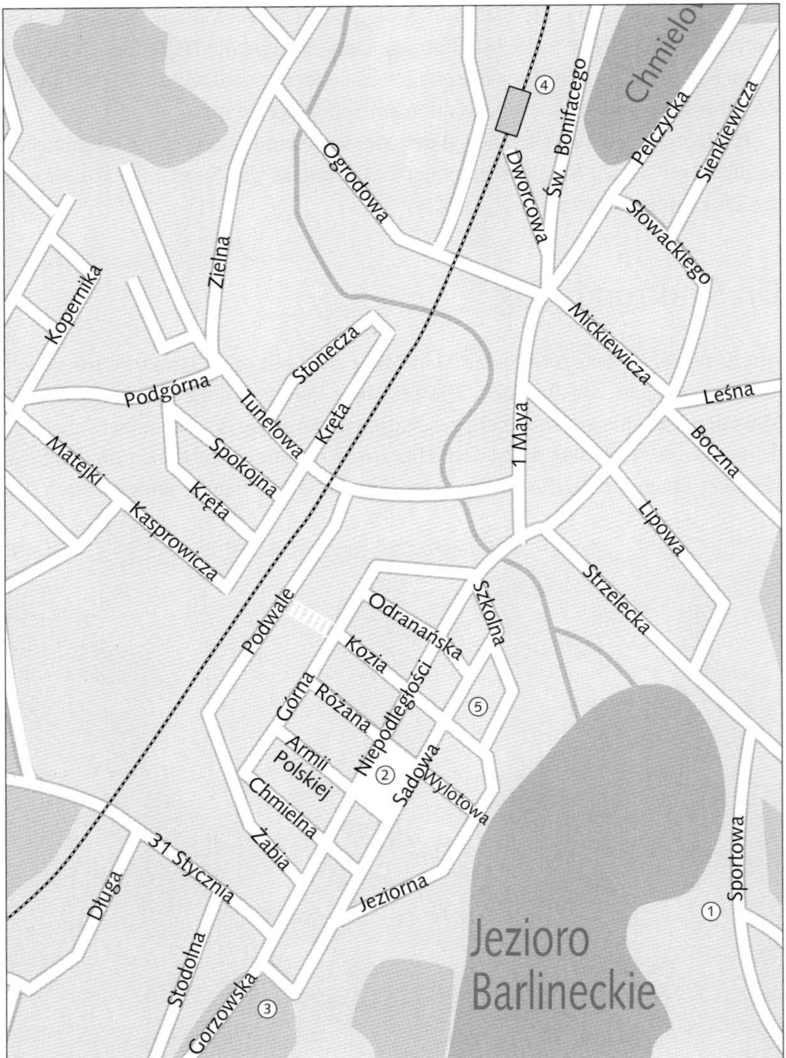

Barlinek

Legende

1 Pension ›Pod Sosnami‹ (Touristeninformation)
2 Marktplatz
3 Basar
4 Kirche St. Bonifacego
5 Stadtkirche

Gedenkstein für den Politiker Jozef Piłsudski (1867–1935) befindet, geht man über die verkehrsreiche Straße Niepodległosci (die ehemalige Richtstraße) und dann links neben dem neuen Kino in die Straße Kozia (Ziegenhagenstraße). An deren Ende führen nach links Stufen und Wege auf den Hügel zur Stadtmauer hinauf. Von oben bietet sich ein schöner Blick über die Dächer von Barlinek. Hier steht auch im Parkgelände das staatliche Kulturhaus.

Man geht nach rechts durch eine Parallelstraße wieder zurück ins Zentrum. Die Straße in Richtung Gorzów (Landsberg) öffnet sich bald an der Gegenseite zu einem Platz mit einem schlichten Denkmal für die Opfer des Krieges und den Neubeginn ab 1945.

Stadtauswärts kommt man, am Basar in der früheren Turnhalle vorbei, zu einem Park. An dieser Stelle lag der deutsche Friedhof, und hier steht seit 1992 ein Gedenkstein für die damaligen Toten, der auch an die deutsch-polnische Versöhnung gemahnt.

Zurück biegt man nach rechts in die Straße Jeziorna (Seestraße) ein. Am Ufer des Gewässers gibt es schöne Anlagen zum Ausruhen und zum Betrachten der Landschaft. Zwischen der Stadtmauer und alten Häusern geht es weiter zu einem Park. Er wird von zwei Armen eines Flüßchens durchflossen, das an dieser Stelle dem See entspringt.

Bis zum Gelände des Seglervereins bleibt man am Seeufer und wandert dann in die Stadt zurück. Nun kann man zunächst alte Villen und dann moderne Geschäfts-, Bank- und Restaurantgebäude bewundern. An der Hauptkreuzung, dem früheren Mühlenplatz, geht es nach rechts auf der Straße 1. Maja, vorbei an einem Hotel, auf den Bahnhof zu. Der Zugverkehr ist zwar eingestellt worden, aber jetzt befindet sich hier der zentrale Bushaltepunkt. In der Ferne sieht man die 1923 errichtete Kirche St. Bonifacego. Man läuft an ihr vorbei und kommt an den See Chmielowe (Hopfensee). Am anderen Ufer des sagenumwobenen Gewässers steht eine Linde, an welcher der 53. geographische Längengrad gekennzeichnet ist. Hier beginnt ein hügeliges Waldgebiet.

Im Zentrum sind noch die Kirche und das in der Nähe befindliche Museum besuchenswert. Abgesehen von Feldsteinen im Unterbau und dem gotischen Portal aus dem 15. Jahrhundert erhielt das Gotteshaus seine jetzige Gestalt nach einem Brand von 1852.

Im Museum wird neben der Stadtgeschichte und alter Lebensweise auch bildende Kunst gezeigt. Als deutsch-polnisches Projekt entstand ein Zimmer für den langjährigen Schachweltmeister Emanuel Lasker, der 1868 in Berlinchen geboren wurde.

Barlinek ist ein gutes Beispiel für humanitäre und wirtschaftliche Zusammenarbeit zwischen ehemaligen deutschen und heutigen polnischen Bewohnern. Das spiegelt sich nicht nur an manchen Bauwerken wider, sondern auch in der Atmosphäre zwischen den Menschen.

Die Umgebung

Barlinek liegt zusammen mit dem 272 Hektar großen Stadtsee, früher auch der ›Nipperwitz‹ genannt, in einem großen Talkessel. Direkt am Stadtrand beginnt ein Promenadenweg, der vorbei an mehreren Badestellen und vielen Aussichtspunkten um das Gewässer mit seinen vier Inseln führt. Dabei geht es teilweise durch bergiges Gelände und durch wundervolle Buchenwälder sowie zu klaren Quellen. Herrliche Sichten über den See bieten sich bei Moczkowo (Tobelhof). Südlich schließt sich als riesiges Waldgebiet mit romantischen Seen der Landschaftspark ›Puszcza Gorzowska‹ an.

Östlich von Barlinek verläuft das urwüchsige Tal der Płonia (Plöne). Es ist ebenfalls als Landschaftspark eingestuft und bietet eindrucksvolle Naturdenkmäler wie die steinerne ›Teufelskanzel‹ bei Równo (Ruwen). Das Flüßchen kann sogar mit Sportbooten befahren werden. Landschaft und Vegetation um Barlinek sind sehr vielfältig. Erst 1995 wurde der Standort ›Libberts felsiger Hohlweg‹ mit 133 Arten von Heilpflanzen unter Naturschutz gestellt. Man erreicht dieses Gebiet über Równo (Ruwen). Die Wanderwege wurden schon zur deutschen Zeit angelegt und sind größtenteils markiert.

Nach Pełczyce (Bernstein) sind es nur etwa sieben Kilometer in nordöstlicher Richtung. Um diese kleine Stadt herum erstrecken sich sieben Seen. Hier gab es bereits im Jahre 1290 ein Zisterzienser-Nonnenkloster. Auch wurde damals die Kirche erwähnt, die man jetzt in der im 18. Jahrhundert erneuerten Form vorfindet. Der Bau wirkt durch seine drei reich verzierten Giebel recht originell.

Badesteg am ›Nipperwitz‹

Von den alten Herrenhäusern in der Umgebung seien nur die von Karsko (Karzig), wo Friedrich der Große als Kronprinz sich Kenntnisse in der Landwirtschaft aneignete, Dzikowo (Dieckow) und Moczkowo (Tobelhof) genannt.

Die Entfernung von den Grenzübergängen Küstrin-Kietz und Schwedt beträgt jeweils etwa 80 Kilometer.

Der Bushaltepunkt befindet sich am Bahnhof.

Taxis findet man neben dem Marktplatz, Tel. 746 12 00.

Postleitzahl: 74-320;
Vorwahl: 095.
Touristenbüro: siehe Pension ›Pod Sosnami‹ (Karte).

Hotel ›Staropolski‹, Straße 1. Maja 12, Tel. 746 18 43.
Pension ›Pod Sosnami‹ (Unter den Kiefern) an der Badeanstalt, Straße Sportowa 1, Tel. 746 18 59 (auch Touristeninformation).
Jugendherberge, Straße 5 Bonifacego 36, Tel. 746 35 43.
Privatquartier, Marta Kondraski, Str. Plona Lecha 4 (Seepromenade).
›Limba‹, Straße Gorzowska 63, Tel. 746 44 98;(hübsch ausgestattet).
Pension ›Aqua‹, Straße Jeziorna.
Hotel ›Alma‹, Str. Strzelezka 6a, Tel. 746 35 53, Fax 746 35 54; für gehobene Ansprüche.
Restaurant ›Gryf‹, Straße Niepodłegości 1, Tel. 746 12 73.
Restaurant ›Limba‹, Str. Gorzwska.
Außerdem zahlreiche Cafés und Bars.

Campingplatz am Stadtsee; mehrere Erholungszentren mit Unterkünften am Stadtsee.

Regionalmuseum, Straße Paderewskiego 17, Tel. 746 18 89;

Kulturhaus ›Panorama‹ auf dem Berg ›Golgota‹, Straße Podwale 9, Tel. 746 21 35.
Im Juni Gesamtpolnische Segelregatta, im Juli Emanuel Lasker-Schachmemorial.

Ferienzentrum ›PAM‹, Str. Sportowa 6, Tel. 74 61 25.
Sportzentrum am See, u.a. mit Segelklub und Tennisklub.

Tankstelle, Straße Gorzowska 9 und 33 sowie Straße Fabryczna.

In der Umgebung von Barlinek:
Krzynka (Hackelspring):
Pension mit Pferdehof, Haus Nr. 4a (Wawrzyniak), Tel. 746 33 45.
Pełczyce (Bernstein):
Kleinstadt mit mehreren Pensionen und Privatquartieren sowie Einkehrmöglichkeiten;
Sommerjugendherberge in der Grundschule.
Karsko (Karzig): Sommerjugendherberge in der Grundschule.
Kinice (Kienitz): Campingplatz am See Karskie.
Krzynki (Krining): Campingplatz am See Pełcz (Großer Pulssee).
Okunie (Wuckensee):
Erholungszentrum am Badesee.

Choszczno (Arnswalde)

Die Stadt Choszczno (Arnswalde) wurde zwar im Zweiten Weltkrieg stark zerstört, verfügt aber trotzdem noch über alte Baudenkmäler und über ein attraktives Zentrum mit Geschäften und Ausgehmöglichkeiten.

Um einen am Rand der Stadt gelegenen großen See herum gruppieren sich mehrere Erholungseinrichtungen, was die Stadt zu einem günstigen Ausgangspunkt für Erkundungen in der Region macht.

Geschichte

Der Ort liegt auf einer Ebene an einem großen See, an dem alte Handelswege vorbeiführten. Zahlreiche Funde, unter anderem Reste eines Burgwalles sowie eines Ringwalles, weisen darauf hin, daß es prähistorische germanische und slawische Siedlungen im Stadtgebiet gab.

Im 13. Jahrhundert ging die Herrschaft von polnischer in brandenburgische Hand über. Seit 1233 verfügte der Zisterzienserorden hier über Besitzungen, wahrscheinlich als Geschenk des Landesherrn. Mit Pommern, das auch Ansprüche auf das Gebiet stellte, wurde 1284 Frieden geschlossen. Um diese Zeit wird die Gründung der Stadt angesetzt, urkundlich erwähnt wurde sie erstmals im Jahre 1289. 1313 wurde ein Franziskanerkloster genannt. Der Grundbesitz gehörte bis

Die Reste der mittelalterlichen Stadtmauer in Choszczno (Arnswalde)

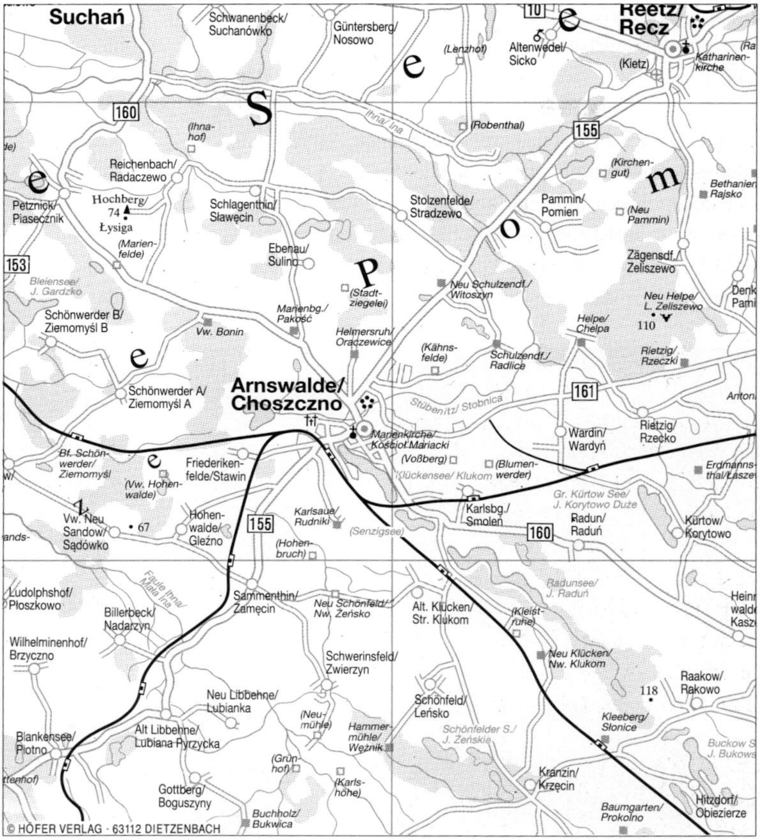

Ende des 14. Jahrhunderts der Familie von Heinsberg. Um 1500 wurden anstelle der hölzernen Befestigungen steinerne Mauern errichtet, und seit dem Jahre 1576 entwickelte sich eine Vorstadt.

Jahrhundertelang gab es bewegte Ereignisse. Man stritt sich mit der Familie von Wedel und dem Deutschen Orden, es herrschten Pestepidemien, und durch die Beschneidung von städtischen Privilegien sank der Wohlstand. Außerdem zog man in einem ›Zollkrieg‹ mit den Pommern den Kürzeren.

Erst um 1800 stabilisierte sich das städtische Leben wieder. Um 1850 entstanden Straßenverbindungen zu anderen Städten sowie die Eisenbahnstrecke Richtung Stargard Szcz. (Stargard) und Krzyz (Kreuz). Nun siedelten sich Maschinen-, Bürsten-, Dachpappen-, Kunststein- und Tuchfabriken sowie eine Zuckerfabrik und eine Eisengießerei an. Die Bürger lebten außerdem vom Handel und von der Verarbeitung landwirtschaftlicher Erzeugnisse. Im Jahre 1850 hatte die Stadt rund 5300 Einwohner, 1940 waren es etwa 13 000. Im Jahre 1938 kamen Stadt und Kreis im Zuge einer Verwaltungsreform von Brandenburg an Pommern.

Im Februar 1945 ist fast drei Wochen lang um Arnswalde gekämpft worden. Die schweren Zerstörungen merkt man der Stadt vor allem im Zentrum noch immer an. Nach Jahrzehnten unter polnischer Regierung hat sie aber ihre Wirtschaftskraft wieder zurückerhalten und wird für Gäste immer attraktiver.

1993 wurde eine zweisprachige Gedenktafel für den 1933 von den Faschisten ermordeten Gründer des örtlichen Konsum-Vereins und Mitarbeiters der Stadt-

Die Marienkirche in Choszczno (Arnswalde)

verwaltung Carl Sonnenburg eingeweiht und 1995 ein Gedenkstein für die in der Stadt verstorbenen Polen und Deutschen errichtet. Im Jahre 1999 wechselten die Stadt mit dem neu gebildeten Kreis Choszczno von der Wojewodschaft Gorzow Wlkp. zu Zachodniopomorskie.

In Choszczno hat eine ›Sozio-kulturelle Gesellschaft der deutschen Minderheit‹ ihren Sitz.

Ein Stadtrundgang

Choszczno liegt zwischen dem 85 Hektar großen See Klukom (Klücken-See) und dem Flüßchen Stobnica (Stübenitz). Die Besichtigung beginnt am besten vor dem Bahnhof, von dem aus die belebte Straße Wolności geradezu in das Zentrum führt. Gleich links befindet sich der zentrale Autobus-Haltepunkt. Ein Stückchen weiter an dieser Seite führen Stufen zum Friedhof hinauf. Rechts sieht man die Trauerhalle. In ihrer Nähe wurde der deutsch-polnische Gedenkstein zur Erinnerung an die hier bestatteten Menschen errichtet. Entweder läuft man nun auf dem Hauptweg des Friedhofs weiter oder parallel auf der Straße, vorbei am Büro des PTTK und einem Mahnmal zur Ehrung eines Lagers für polnische Kriegsgefangene.

Auf beiden Wegen gelangt man schließlich an die frühere Altstadtgrenze mit Resten von Mauern und Wällen. Nach links erstreckt sich eine Parkanlage mit dem 1970 aufgestellten Befreiungsdenkmal, das an das Jahr 1945 erinnert. Rechts fällt ein trotziger mittelalterlicher Rundbau auf, der neben dem ehemaligen Steintor zu den Befestigungsanlagen gehörte. Nahebei wurde eine reizvolle Brunnenanlage gestaltet. Im neuen Anbau ist die öffentliche Bibliothek zu betreten. Besucher werden gern in den historischen Turm geführt, wo Bilder vom alten Arnswalde und vom früheren Kreisgebiet zu betrachten sind.

Der Rundgang führt anschließend neben der Straße Boh. Warszawy durch den Park und entlang des Walles, vorbei am Kulturhaus, am Kino und am Hotel bis zur Ausfallstraße in Richtung Szczecin. Links folgt bald die Flußniederung, man hält sich aber rechts und kann einen Bummel über den Basar unternehmen.

Danach kommt man auf den weitläufigen Marktplatz. Er wird durch das säulenartige Siegesdenkmal, die Marienkirche und einen Brunnen beherrscht. An dieser Stätte wird dem Betrachter bewußt, daß diese Stadt im Zweiten Weltkrieg etwa 85 Prozent ihrer Bausubstanz eingebüßt hat. Die Pfarrkirche ›Zur Geburt Mariens‹ und das ›Sanktuarium zur immerwährenden Hilfe Mariens‹ wurde nach den Zerstörungen wieder neu errichtet. Die wunderschöne Innenarchitektur ergänzen zwei Grabplatten, deren älteste auf das Jahr 1575 datiert ist, eine Terrakottaarbeit, Taufbecken, Gemälde und beachtenswerte Altäre. Nur der Turm hat seine frühere Höhe verloren.

Nach der Kirchenbesichtigung spaziert man auf der Straße Chrobrego in Richtung See. Dabei kommt man an der Gedenktafel für Carl Sonnenburg vorbei. Die nächsten Straßen rechts führen alle zur Seepromenade. Auf dieser fällt eine Plastik mit Urtieren auf, die sich aus dem See winden. Etwas weiter folgt die Badeanstalt, wo man einen Imbiß zu sich nehmen kann. Hinter einem Bootsklub führt der Weg wieder direkt am Wasser entlang. Später folgen noch das Yacht-Hotel, oberhalb des Sees, sowie Sportanlagen. Zurück zum Bahnhof kann man immer am See entlang wandern, mit beschaulichen Ruheplätzen und schönen Sichten. Die Straße Kolejowa führt dann zum Ausgangspunkt zurück. An ihr liegen das Restaurant ›Krokus‹ und das Bahnbetriebswerksmuseum.

Die Umgebung

Die Landschaft um Choszczno ist durch zumeist hügeliges Gelände, Seen, Fließe, weite Felder und kleinere Wälder geprägt. Darin liegen Orte wie Raduń (Radun), Korytowo (Kürtow) und Granowo (Granow), uralte Siedlungsgebiete mit Hügel-

Gotische Baukunst in Recz (Reetz) bei Arnswalde

gräbern und Burgwällen. In vielen Dörfern findet man reizvolle Kirchen vor, etwa in Płotno (Blankensee), Wardyń (Wardin), Sławęcin (Schlagenthin) und Korytowo (Kürtow). Mehr oder weniger gut erhaltene Herrenhäuser und Parkanlagen zieren mehrere Ortszentren.

Rund fünfzehn Kilometer nordöstlich von Choszczno liegt die alte Ortschaft Recz (Reetz). Hier bestand im 13. Jahrhundert eine Grenzburg der Brandenburger gegen die Pommern, später umgeben von einer Stadtanlage und einem Kietz. Auch ein Kloster gab es. Sehenswert sind noch heute die Reste der Befestigungsanlagen mit dem früheren Dramburger Tor, die Kirche sowie die Bibliothek in einem restaurierten Fachwerkbau neben dem Gotteshaus. Man kann in einem Restaurant einkehren und die Stadt mit ihrer näheren Umgebung am Tal des Flusses Ina (Ihna) innerhalb einer abwechslungsreichen Landschaft genießen.

Die Entfernung zum Grenzübergang Schwedt beträgt etwa 110, nach Hohenwutzen etwa 130, nach Küstrin-Kietz etwa 105 und nach Pomellen etwa 80 Kilometer.

Bushaltepunkt in der Straße Wolności, nahe dem Bahnhof.

Choszczno liegt an der Bahnstrecke Szczecin (Stettin)-Poznań (Posen).

Taxis stehen in der Straße Kolejowa, nahe dem Bahnhof, Tel. 765 25 10.

Postleitzahl: 73-200; Vorwahl: 095.
Touristenbüro PTTK, Straße Wolności 19, Tel. 765 22 92.

Hotel ›CHDK‹, Straße Boh. Warszawy 17, Tel. 765 72 93.
Yacht-Hotel, Straße Sportowa 1, Tel. 765 33 10.
Gästehaus ›Irena‹,Straße 9.Maja 14, Tel. 76530 72 70.
Jugendherberge, Straße Westerplatte 1, Tel. 765 23 24.
Motel und Restaurant ›Silvania‹ in Wapnica (Ravenstein) bei Recz (Reetz), Postleitzahl 73-132, Tel. 092/562 42 25; hübsch gelegen.
Restaurant ›Krokus‹, Straße Kolejowa 4, Tel. 766 55 25 84.

Kulturhaus, Straße Boh. Warszawy, mit Büro der Sozio-kulturellen Gesellschaft Deutschstämmiger und Heimatmuseum.
Bibliothek mit Ausstellungsraum im Befestigungsturm an der Straße Wolności.
Museum im Bahnbetriebswerk, Straße Kolejowa, Tel. 765 70 21, keine geregelten Öffnungszeiten.

Tankstelle, Straße Boh. Warszawy 19, Tel. 765 23 04; Straße Wojska Polskiego 9, Tel. 765 30 03.

Drawno (Neuwedell)

Vor allem für Wasserwanderer in ganz Polen ist die Landschaft um Drawno ein Markenzeichen, denn der Fluß Drawa (Drage) mit seinem wildromantischen Lauf kann von hier aus in zwei Richtungen befahren werden. Der zwischen zwei Seen herrlich gelegene Ort ist zwar klein, verfügt jedoch über mehrere touristische Einrichtungen. Am Stadtrand beginnt der Drawa-Nationalpark mit urwüchsiger Landschaft am Flußlauf der Drawa (Drage) und an vielen Seen.

Geschichte

An der Stelle, wo der Fluß Drawa zwei Seen durchfließt, bestand seit alters her ein strategisch wichtiger Paßweg. Frühgermanische und slawische Funde bezeugen, daß an den Gewässern bei Drawno schon in vorgeschichtlicher Zeit gesiedelt wurde. In der zweiten Hälfte des 13. Jahrhunderts übernahmen die Brandenburger die Herrschaft über dieses Gebiet.

Die Herren von Wedel ließen eine Burg anlegen. Sie wurde im Jahre 1313 erwähnt, als hier der Markgraf Waldemar eine Urkunde ausstellte. Die Familie Wedel hatte damals einen riesigen Grundbesitz, und im Schutz der Burg entwickelte sich eine Stadt, die ihr ebenfalls unterstand. Die Verleihung der Stadtrechte erfolgte vor 1350, ein Stadtrat wurde 1381 erwähnt. Damals führte die Heer- und Handelsstraße von Küstrin (Kostrzyn) nach Preußen durch den Ort. Zur Verteidigung waren eine Mauer aus Feldsteinen, viereckige Türme und an der Seeseite Wälle angelegt worden.

Die Burg und die Stadt waren durch ihre Grenzlage häufig umkämpft. Im 15. Jahrhundert wollte man die Herrschaft des Deutschen Ordens nicht anerkennen. Von 1433 bis 1436 war Neuwedell unter polnischer Herrschaft, 1469 wurde es von den Pommern erobert. Im Jahre 1675 gab es schwere Verwüstungen durch die Schweden sowie 1758 durch die Russen, denen unter anderem das Schloß zum Opfer fiel. Im 16. und 17. Jahrhundert wurde die Stadt außerdem von mehreren Feuersbrünsten heimgesucht.

Die Landwirtschaft, die Brauerei, der Fischfang sowie die Holzverarbeitung waren wichtige Erwerbszweige der Bevölkerung, außerdem die Tuchmacherei und die Schuhmacherei. Im 19. Jahrhundert entstanden keramische Fabriken. Ab 1848 wurden feste Straßen bis Neuwedell angelegt, und seit 1895 gab es den Eisenbahnanschluß nach Choszczno (Arnswalde) und Kalisz Pomorski (Kallies). Der Ort behielt jedoch seinen ländlichen Charakter und hatte zur deutschen Zeit nie mehr als 2750 Einwohner.

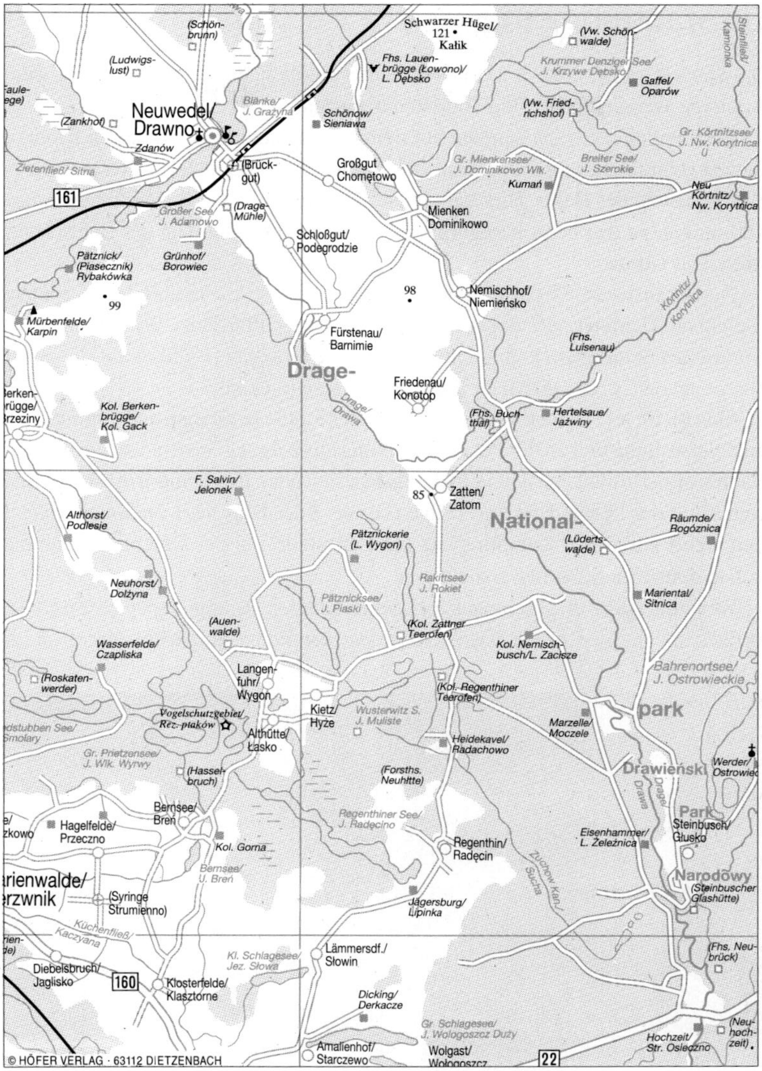

Heute ist Drawno wichtiger Ausgangspunkt für Exkursionen in den 1990 gegründeten Drawa (Drage)-Nationalpark. In der Stadt befindet sich auch die Verwaltung des einzigartigen Reservates.

Ein Stadtrundgang

Drawno hat immer noch den Charakter einer ländlichen Kleinstadt, die nur wenig durch die Wassersportler und Touristen beeinflußt wird.

Man beginnt den Spaziergang auf dem Marktplatz mit den grazilen Brunnenfiguren. Um ihn herum gruppieren sich die Kirche, das Hotel mit Restaurant, ein Kaufhaus und der Basar. Hier halten auch die Autobusse. Sie sind die wichtigste Verbindung zu den benachbarten Dörfern und Städten, seitdem der Bahnverkehr stillgelegt wurde.

Die sehenswerte Kirche besteht aus einem Fachwerkturm und dem verputzten Hallenbau. Dahinter befindet sich das repräsentative Pfarrhaus. Wenn man um das Gotteshaus herumgeht, kann man über den See Grażyna (Blänke) auf die gegenüberliegenden, über 100 Meter hohen Kalkberge blicken.

Man bleibt rechts oberhalb vom See auf der Straße Kościelna und kommt an der Stadtverwaltung und an der Post vorbei zum Burgberg. Hier befindet sich auf einer Halbinsel der mittelalterliche Ortskern. Etwas weiter führt eine Brücke über den Durchfluß der Drawa zum See Dubie (Großer oder Düp-See). Dahinter erstreckt sich rechts ein großer Campingplatz mit Badestelle. An der Rezeption kann man sich in deutscher Sprache verständigen.

Wer allerdings in geschmackvoll eingerichteten Räumen speisen und übernachten möchte, ist in der nächsten Straße, der Polna, im ›Mini-Motel‹ an der

An der Brücke über die Drawa (Drage)

Die Kirche in Drawno mit ihrem originellen Fachwerkturm

richtigen Adresse. In dieser Richtung kommt man vorbei an Neubauten noch zur Bahnstrecke mit dem alten Bahnhof. Der Rundgang kann aber zurück über die Brücke und dahinter gleich links auf einer Seepromenade fortgeführt werden. Diese Promenade namens Olchowa kann man bis zum Friedhof erwandern oder schon vorher zur Parallelstraße hinaufgehen. Stadtauswärts in Richtung Choszczno (Arnswalde) befindet sich die Verwaltung des Drawa-Nationalparks. Der Rundgang führt jedoch in das Zentrum zurück. Vorher liegt noch links das Kulturhaus mit der Bibliothek.

In dessen Nähe, nämlich in der Straße Kwiatowa, gibt es auch eine Unterkunftsmöglichkeit bei deutschsprechenden Gastgebern, die ihren Gästen auch Paddelboote zur Verfügung stellen.

Die Umgebung

Die Landschaft um Drawno wird durch das streckenweise wildromantische Tal der Drawa (Drage), durch abwechslungsreiche Wälder und klare Seen, aber auch durch hügeliges Ackerland, Wiesenniederungen und verträumte Dörfer wie Zatom (Zatten) und Moczele (Marzelle) bestimmt. In vielen Dörfern sind die Kirchen sehenswert. Von den noch erhaltenen Herrenhäusern und Parkanlagen sollte man vor allem das frühere Jagdschloß Nemischhof bei Niemieńsko (Nemischhof)

Schloß Niemieńsko (Nemischhof)

in Augenschein nehmen. Nördlich von Drawno bei Zólwino (Hassendorf) befindet sich die Stätte eines alten Burgwalles, ein Zeugnis der einstigen Grenzlage.

In der Nähe des Zusammenflusses von Drawa und Korytnica (Körtnitz) bei Zatom (Zatten) befindet sich in einem ehemaligen Forsthaus das Museum des Nationalparks (›Przyroda Drawienskiego Parku Narodowegu‹). Bereits auf dem Außengelände kann man sich über die einheimische Pflanzenwelt informieren. An der gegenüberliegenden Straßenseite führt ein Weg zum Zeltplatz ›Biwak Bogdanka‹ direkt an der Drawa und Korytnica (Körtnitz).

Wanderungen zu Fuß und per Rad am Flußlauf der Drawa sind besondere Naturerlebnisse. Die gesamte Route, an der sich viele Naturdenkmäler, Reservate und Campingmöglichkeiten befinden, wird in diesem Buch gesondert als Bootsfahrt beschrieben. Wer mit dem Auto diese Landschaft bereist, muß in Kauf nehmen, daß es noch manche Kopfsteinpflasterstraßen gibt.

Die Entfernung zu den Grenzübergängen Küstrin-Kietz und Schwedt beträgt etwa je 120 Kilometer.

Bushaltepunkt im Stadtzentrum, am Platz Wolności.

Postleitzahl: 73 - 220; Vorwahl: 095.

Hotel und Restaurant ›Moreka‹, Straße Choszczeńska 1, Tel. 768 21 94.
Mini-Motel und Restaurant, Straße Polna 8, Tel. 768 23 44
Privatzimmer bei Lucjan Nowak, Straße Kwiatowa 9, Tel. 768 23 68.
Weitere Privatunterkünfte im Ort.

Campingplatz PTTK, Straße Kolejowa 9, Tel. 768 21 55, mit Bungalows und Badestrand; mehrere Zeltmöglichkeiten am Flußlauf der Drawa und an Seen der Umgebung.

Verwaltung des Drawa Nationalparkes, Straße Leśników 2, Tel. 768 20 51, Fax 768 25 10.
Hafen des Nationalparks, Straße Kolejowa, Tel. 768 23 95.
Museum des Drawa (Drage)-Nationalparkes in der Nähe von Zatom (Zatten), geöffnet täglich von 10 bis 16 Uhr.
Kulturhaus, Straße Szpitalna 2, Tel. 768 23 43.

Tankstelle, Straße Kolejowa, Tel. 768 24 72.

Dobiegniew (Woldenberg)

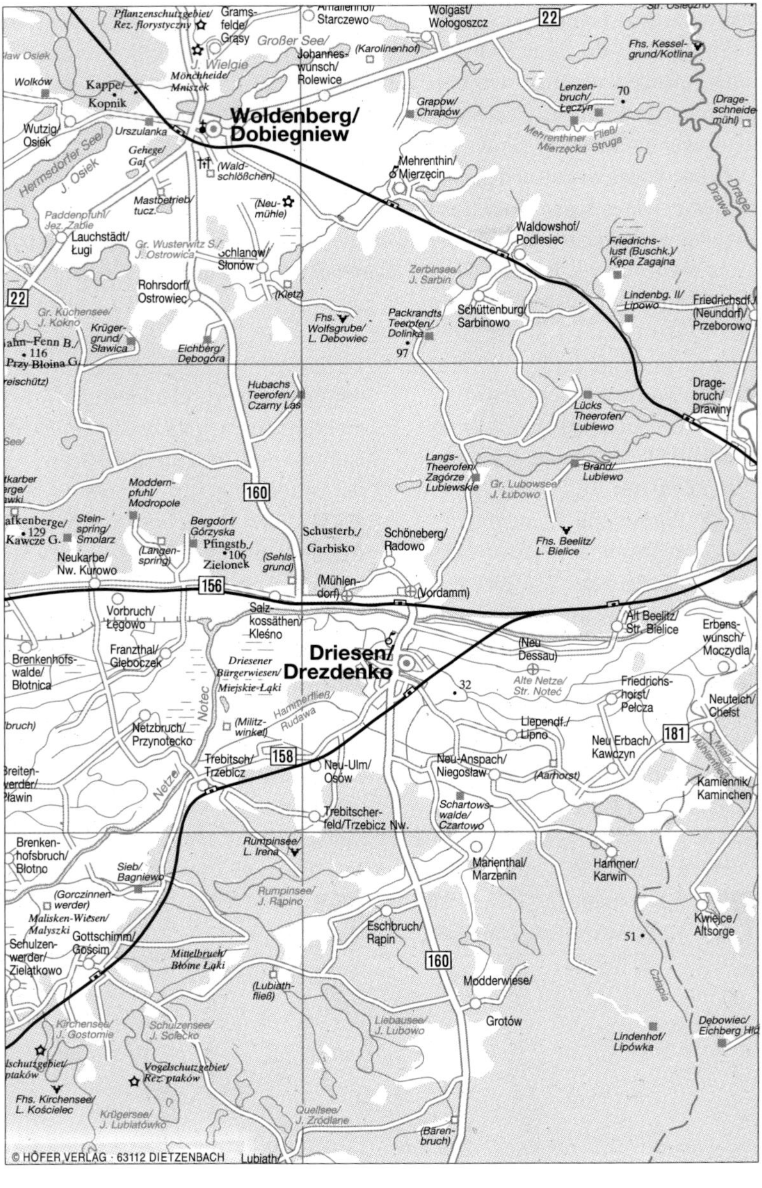

Für Natur- und Wassersportfreunde ist die stille Landschaft um Dobiegniew (Woldenberg) ein wahres Paradies. Große Seen, kleine Flüsse, entlegene Dörfer und schöne Wälder bestimmen die Umgebung. Der Stadt selbst merkt man noch immer die Zerstörungen aus dem Zweiten Weltkrieg an. Dennoch gibt es Möglichkeiten für Unterkünfte und Verpflegung.

An ein schlimmes Kapitel der Vergangenheit erinnert die Gedenkstätte im ehemaligen Gefangenenlager für polnische Offiziere am Rande der Stadt.

Geschichte

Funde belegen eine vorgeschichtliche Besiedlung von der jüngeren Steinzeit an. Außerdem wurden in der Umgebung Reste von Pfahlbauten geborgen. Hier ließen sich Menschen nieder, weil die Lage zwischen Seen und sumpfigen Niederungen sowie an Handelsstraßen strategisch und wirtschaftlich günstig war.

Um das Jahr 1250 wurde der Ort als Dubegneve zum erstenmal erwähnt, als der polnische Herrscher die Siedlung samt der Umgebung dem Zisterzienserorden schenkte. Man vermutet, daß seinerzeit auch eine Burganlage bestand.

Bald danach kam das Gebiet in brandenburgischen Besitz. Der askanische Markgraf übergab 1286 den Zisterziensern weitere Ländereien. Das führte zur Gründung des Klosters Marienwalde (Bierzwnik) in der Nähe von Dobiegniew. In der Folgezeit waren die Markgrafen mehrmals in der Stadt zu Gast und schlossen hier Verträge ab, unter anderem 1305 mit dem Bischof von Cammin (Kamień Pomorski). Seit 1333 trug der Ort den Namen Waldinborg. Während der Herrschaftszeit des Deutschen Ordens wurde die Stadt 1433 von den Hussiten zerstört. Ab 1455 unterstand Woldenberg dem Landesherrn direkt.

Durch mehrere Brände bis 1710 wurde der Ort immer wieder vernichtet. Im 18. Jahrhundert kam es zur Erweiterung des Marktplatzes und zur Begradigung der Straßen. Von der mittelalterlichen Stadtmauer mit ihren 37 Weichhäusern blieb kaum etwas übrig.

Die Kreuzung an Handelsstraßen war ein wertvoller wirtschaftlicher Faktor. Daneben lebten die Menschen früher hier vom Ackerbau, von der Viehzucht sowie vom Tuchmacherhandwerk. Außerdem gab es Mühlen, eine Ziegelei, ein Sägewerk, eine Faßfabrik sowie den Fischfang. Im Jahre 1829 wurde die Chaussee von Berlin nach Ostpreußen, die spätere Reichsstraße 1, bis Woldenberg ausgebaut. 1847 erfolgte der Anschluß an die Eisenbahnstrecke nach Stargard Szcz (Stargard), die zwei Jahre später bis nach Krzyz (Kreuz) verlängert wurde.

Woldenberg zählte 1939 über 5300 Einwohner. Nach dem deutschen Überfall auf Polen wurde am Stadtrand ein Gefangenenlager für polnische Offiziere eingerichtet. Im Zweiten Weltkrieg wurde die Stadt stark zerstört und erholte sich nur langsam von diesen Schäden. So blieb bis heute ein ländlicher Charakter erhalten, der naturverbundenen Touristen entgegenkommt.

Die gotische Kirche ist eines der wenigen Zeugnisse der Vergangenheit

Ein Stadtrundgang

Sehenswürdigkeiten aus der älteren Geschichte sind in Dobiegniew leider kaum noch vorzufinden, weshalb man mit einer Besichtigung am besten außerhalb beginnt. Wenn man auf der Straße von Gorzów (Landsberg/Warthe) kommt, weist rechts ein Schild zum Museum im ehemaligen Kriegsgefangenenlager für polnische Offiziere ›OFLAG II C Woldenberg‹. Hier waren bereits im Ersten Weltkrieg Gefangene untergebracht, dann im Zweiten rund 7000 polnische Offiziere und ab 1945 noch deutsche Gefangene. Im Museum wird umfassend über das Lagerleben berichtet, mit Originaldokumenten und teilweise auch mit Originalgegenständen. Außerdem erhält der Besucher Einblicke in die Geschichte von Dobiegniew.

Von hier bis zur Stadt beträgt die Entfernung etwa einen Kilometer. Vor dem Bahnübergang rechts, in der Straße Marchlewskiego, befinden sich das Kulturhaus mit der öffentlichen Bibliothek. Geradeaus weiter und links zu den Haltepunkten von Bahn und Bus ist noch vieles von der Altbausubstanz erhalten. An der Hauptkreuzung biegt man rechts ab. Eine geschmackvoll eingefaßte Schautafel weist auf den nahen Drawa (Drage)-Nationalpark hin.

Nun kommt man in den ehemaligen Ortskern. Um eine größere freie Fläche herum gruppieren sich unschöne Wohnneubauten. Nur ein Mauerrest und die mächtige Backsteinkirche aus dem 14./15. Jahrhundert mit herrlichen farbigen Glasfenstern, einem schönen Portal und einem Turm aus der Schinkel-Ära erinnern an alte Zeiten. Nicht weit von der Kirche ragt als Siegesdenkmal zur Erinnerung an 1000 Jahre Polen ein riesiges Schwert empor.

Rechts vom Gotteshaus, also nach Süden hin, kommt man zu einem klassizistischen Speichergebäude, hier bestand früher ein Rittergut. Nördlich der Kirche liegt der See Wielgie (Großer See).

Auf Promenadenwegen führt der Weg zurück zur Hauptkreuzung mit Parkanlagen und zum Bahnhof. Wenn man sich noch erfrischen möchte, ist eine Exkursion auf der Straße in Richtung Szłopa (Schloppe) lohnenswert. Am Stadtausgang befinden sich links am See eine Badeanstalt, eine Bungalowsiedlung und eine Rehabilitationsklinik. Oder man wandert in der entgegengesetzten Richtung etwa zwei Kilometer stadtauswärts zum Strand am Ostufer des Sees Osiek (Hermsdorfer See).

Die Umgebung

Die Seen und Wälder um Dobiegniew ziehen vor allem naturverbundene Touristen wie Wassersportler, Angler und Jäger an. Die Gegend ist pilz- und beerenreich. Neben den größeren Campingplätzen ist das Zelten auch an einigen von Forst umgebenen Gewässern möglich. Wanderwege führen unter anderem nach

Drezdenko (Driesen) und Strzelce Krajeńskie (Friedeberg). Mehrere Naturschutzgebiete und Naturdenkmäler wurden für den Erhalt seltener Tier- und Pflanzenarten eingerichtet.

Kulturhistorisch sehenswert ist das etwas über zehn Kilometer nördlich entfernte Bierzwnik (Marienwalde). Von dem seit Ende des 13. Jahrhunderts errichteten

Ungewöhnlich: Die Kirche von Osieczno (Hochzeit)

Zisterzienserkloster sind noch immer Gebäude vorhanden. Im Park findet man exotische Gewächse vor. Seit dem 16. Jahrhundert bestand in dem großen Dorf eine Glashütte, die bis 1825 Glasartikel für gewerbliche Zwecke herstellte.

Rund fünfzehn Kilometer östlich von Dobiegniew liegt an der Brücke über der Drawa das Dorf Str. Osieczno (Hochzeit). Der früher oft umstrittene Grenzort an einer alten Handels- und Heerstraße war einst eine Stadt, die jedoch zerstört wurde. Jetzt findet man ein kleines, idyllisch gelegenes Dorf vor. Originell ist die Kirche auf einer Anhöhe, ein achtseitiger Backsteinbau mit ausgebautem Chorraum. Über den Kirchenfenstern zieht sich ein Kranz kleiner Fenster um den Zentralbau herum. Darüber erhebt sich ein offener spitzer Turm.

Andere Dorfkirchen in der Umgebung sind ebenfalls sehenswert, unter anderem in Ługi (Lauchstädt), Słonow (Schlanow), Mierzęcin (Merenthin), Głusko (Steinbusch), Radęcin (Regenthin), Słowin (Lämmersdorf), Łasko (Althütte), Breń (Bernsee), Klasztorne (Klosterfelde), Chłopowo (Schwachenwalde), Górzno (Göhren), Kolsk (Kölzig), Ogardy (Wugarten), Wołogoszcz (Wolgast), Pielice (Pehlitz) und Chomętowo (Hermsdorf). In einigen von diesen Orten gibt es Herrenhäuser und meist verwilderte Parks.

Wenige Kilometer nördlich von Str. Osieczno (Hochzeit) kann man das Drawa-Wasserkraftwerk bei Głusko (Steinbusch) besichtigen. Noch heute sind die über 100 Jahre alten Maschinen in Betrieb.

Die Entfernung zum Grenzübergang Küstrin-Kietz beträgt etwa 95, nach Frankfurt (Oder) etwa 125 und nach Schwedt etwa 125 Kilometer.

Der Bushaltepunkt liegt am Bahnhof.

Dobiegniew liegt an der Bahnstrecke Szczecin (Stettin)-Poznań (Posen).

Postleitzahl: 73-250; Vorwahl: 095.

Jugendherberge, Straße Mickiewica.
Bungalow-Siedlung mit Badeanstalt am See Wielgie.
Rehabilitationsklinik ›Pomoci Społecznej‹ am westlichen Stadtausgang.
Nur kleinere gastronomische Einrichtungen.

Campingplätze an den Seen bei Chomętowo (Hermsdorf), Radęcin (Regenthin) und Bierzwnik (Marienwalde) sowie an der Drawa (Drage).

Das Kulturhaus befindet sich in der Straße Marchlewskiego.
Museum im ehemaligen Gefangenenlager für polnische Offiziere ›OFLAG II C Woldenberg‹, Straße Gorzowska 11; geöffnet Di 10 bis 18, Mi bis Fr 9 bis 16 Uhr sowie Sa 9 bis 15 Uhr.

Drezdenko (Driesen)

Das Urstromtal der Noteć (Netze) wird im Norden und Süden von umfangreichen Wäldern eingefaßt, Drezdenko liegt als städtischer Mittelpunkt dazwischen. Einst war der Ort Streitobjekt zwischen Polen und Pommern, dann zwischen Polen und Brandenburg. Heute wird Drezdenko wegen des guten Bahnanschlusses und der Unterkunftsmöglichkeiten gern als Ausgangspunkt für Wasser- und Radwanderungen gewählt.

Geschichte

Im Urstromtal der Netze existierte an der Stelle der heutigen Stadt ein Übergang über den Fluß. Auf einer Insellage, wo es wahrscheinlich vorgeschichtliche Besiedlung gab, legten die Polen eine Befestigung an. Im Zusammenhang mit Kämpfen zwischen Polen und Pommern wurde sie im Jahre 1092 als ›castrum Drzen‹ erwähnt. Sie blieb lange Zeit Streitobjekt der Gegner. Mitte des 13. Jahrhunderts beherrschte sie der Pommernherzog Barnim. 1260 ging Drzen als Mitgift der polnischen Prinzessin Konstanza bei ihrer Vermählung mit dem Markgrafensohn Konrad in brandenburgischen Besitz über. Danach wurden Stadt und Umgebung noch mehrmals von Polen erobert.

Das Rathaus von Drezdenko

Als Markgraf Waldemar 1317 den Ort an den Ritter von Osten zu Lehen gab, wurde Driesen als Stadt genannt. Die Familie unterstellte sich vorübergehend wieder dem polnischen Staat. Ab 1402 ging aber Driesen wie die gesamte Neumark bis 1455 an den Deutschen Orden. Seit dem 16. Jahrhundert war die Stadt Sitz eines kurfürstlichen Amtes und dem Landesherrn direkt unterstellt. Zum Besitz gehörten neun umliegende Dörfer.

Im Jahre 1602 ließ Kurfürst Joachim Friedrich an der Stelle der alten Burg eine Festung mit fünf Bastionen anlegen. Einige Jahre später entstanden eine Glashütte und eine Salzsiederei und viele Kolonisten siedelten sich in der Niederung der Netze an.

Im Dreißigjährigen Krieg wurde Driesen von den Kaiserlichen und von den Schweden heimgesucht, im Siebenjährigen Krieg von den Russen. 1763 entstand eine ›Neustadt‹, 1765 ließ Friedrich der Große die Festungsanlagen abbauen. Es gab drei Stadttore, aber wegen der Insellage keine Stadtmauern.

Im alten Driesen florierte der Holzhandel und bis zum 19. Jahrhundert auch das Tuchmachergewerbe. Im Jahre 1837 erfolgte der Anschluß an die Bahnstrekke Berlin–Landsberg (Gorzów)–Kreuz (Krzyz), aber erst 1936 wurde die Grenzlandbahn nach Schwerin (Skierzyna) eingeweiht. Nach dem Ersten Weltkrieg, als der polnische Staat neu entstand, verloren die örtlichen Fabriken ihre Absatzgebiete. Um 1900 lebten in Driesen 6359 Menschen, 1939 waren es etwas weniger. Im Zweiten Weltkrieg wurde die Stadt kaum in Mitleidenschaft gezogen.

1976 wurde Drezdenko als ›Meister der Wirtschaftlichkeit‹ ausgezeichnet. Obst- und Gemüseverarbeitung sowie die Gießerei und die Papierfabrik haben einen guten Ruf. Die Stadt ist außerdem durch schöne Altbauten und eine liebenswürdige Atmosphäre für Touristen recht attraktiv.

Ein Stadtrundgang

Das Stadtzentrum von Drezdenko liegt mehr als zwei Kilometer vom Bahnhof entfernt in Richtung Süden. Um die Station herum hat sich ein eigener Stadtteil (früher Vordamm) mit Geschäften und einer neobarocken Kirche gebildet. Nach dem Überqueren der Noteć (Netze) und der sogenannten Faulen Netze ist die Innenstadt erreicht. Hier herrscht geschäftiges Treiben. Am Stary Rynek, dem alten Marktplatz, geht man nach links durch die Straße Warszawska zum Platz Wileński. Vor dessen weiträumiger Fläche, auf dem auch die Busse halten, fällt links ein Bau mit schmuck verzierter Fassade auf: Es ist das Rathaus. Ein Schild weist auf die Partnerstadt Wörth am Rhein hin.

Man bleibt geradeaus auf der Straße Chrobrego. Unterwegs fällt auf, daß viel alte Bausubstanz erhalten ist und gepflegt wird. Nicht umsonst wurde der Stadt zweimal die Auszeichnung ›Meister der Wirtschaftlichkeit‹ verliehen.

In diesem restaurierten Speicher befindet sich ein sehenswertes Regionalmuseum

Inzwischen ist man auf dem Gelände angekommen, auf dem einst die Burg und die Festung standen. Heute wird der Platz durch Schulgebäude beherrscht, hinter denen sich noch der frühere Festungsgarten ausmachen läßt. Links hinter Grünanlagen befindet sich in dem ehemaligen Arsenal und späteren Speichergebäude das Museum. In vier Etagen bietet es ausführlich Einblick in die Geschichte, Landschaft und Natur von Stadt und Umgebung. Besonders hervorgehoben werden die Pflanzen- und Tierwelt des Waldes sowie die Imkerei.

Man läuft weiter über die Straßen Zamkowa und Marszalkowa und befindet sich bald parallel zur Stara Noteć (Alten Netze). Vorbei an historischen Häusern, unter anderem im Fachwerkstil, und am Basar kommt man zur Hauptkirche. Das Innere ist mit wundervoller Glasmalerei, schönen Gewölben und einem wundervollen Altar ein Erlebnis. In der angrenzenden Straße Ogrodowa befindet sich ein Hotel, entgegengesetzt ein repräsentatives Schulgebäude. Die Porträtplastik vor der Schule stellt Janusz Korczak dar, einen bekannten Arzt und Pädagogen, dessen Namen die Schule seit 1979 trägt.

Über die Straße Szkolna kommt man wieder zum alten Marktplatz zurück. Hier kann man nochmals auf Bänken unter schattenspendenden Bäumen die angenehme Atmosphäre der Stadt mit ihren reizvollen Straßenzügen nachklingen lassen.

Die Umgebung

Die fruchtbare Niederung an der Noteć (Netze) mit den vielen Nebenfließen ist typisch für die nähere Umgebung von Drezdenko. Nur wenige Kilometer weiter schließen sich nördlich und südlich riesige Waldgebiete an. Ihr vorwiegend sandiger Boden wird durch Seen, Seenketten, Moore und kleine Flüsse unterbrochen. Auch hügelige Abschnitte mit Erhebungen – bis fast 130 Meter über dem Meeresspiegel hoch – gibt es. Neben Kiefernforsten bestimmen Misch- und Buchenwälder das Bild. Innerhalb zweier Landschaftsschutzgebiete sind zahlreiche Naturschutzgebiete und Naturdenkmäler ausgewiesen. Wanderer, Radtouristen, Wassersportler, Angler sowie Pilz- und Beerensammler kommen in dieser Landschaft voll auf ihre Kosten.

Nördlich von Drezdenko kann man in Lubiewo (Brand) oder in Zagórze Lubiewskie (Langs Theerofen) an einem kilometerlangen klaren See Quartier beziehen. Südlich gibt es am See Lubowo (Libau-See) einen Campingplatz. Sehr komfortabel ist man bei Gościm (Gottschimm) etwa 15 Kilometer südwestlich von Drezdenko in der ›Fischereiwirtschaft‹ untergebracht. Angler können gleich vor dem Haus ihrem Hobby nachgehen, und zum Badesee sind es nur wenige Minuten Fußweg.

Die Dörfer der Umgebung sind von unterschiedlichem Charakter. Sie sind entweder, wie Karwin (Hammer), Lubiatów (Lubiath) und Grotów (Modderwiese)

Angler auf dem Gelände der ›Fischereiwirtschaft‹ bei Gościm (Gottschimm)

im Süden und Lubiowo (Brand) im Norden, verträumt von Wald umgeben, oder sie liegen am Rande der Noteć (Netze)-Niederung und sind groß sowie durch wohlhabende Gehöfte gekennzeichnet. Außerdem finden sich im Bruch auch viele Einzelhöfe und kleine Siedlungen. Manche von ihnen, wie Błotnica (Brenkenhofswalde), Błotus (Brenkenhofsbruch) und Pełcza (Friedrichshorst), erinnern mit ihren früheren deutschen Namen an die Zeit der Urbarmachung und Kolonisierung des Sumpfgebietes im 18. Jahrhundert.

Die Entfernung vom Grenzübergang Küstrin-Kietz beträgt etwa 110 und von Frankfurt (Oder) etwa 120 Kilometer.

Der Bushaltepunkt und ein Taxistand befinden sich am Platz Wileński (Neuer Markt).

Die Bahnstation liegt an der Strecke Kostrzyn (Küstrin)–Gorzów (Landsberg)–Krzyz (Kreuz).

Postleitzahl: 66-530;
Vorwahl: 095.

Hotel ›Eljan‹, Straße Ogrodowa 4, Tel. 762 04 97.
Hotel ›Lubuszanin‹, Straße Mickiewicza 4, Tel. 762 08 10.
Jugendherberge, Platz Wolności 8, Tel. 762 06 05.
Hotel und Restaurant ›Lubiatka‹ in 66-533 Lubiatow (Lubiath), Tel.762 42 13.
Pensionat am See Solecko, Haus Nr. 98; Campingplatz.
Gościm (Gottschimm), Postleitzahl 66-535: Fischereiwirtschaft, Motel ›Wilcze Doly‹ mit Angelmöglichkeit, Tel. 762 42 91.
Przeborowo (Friedrichsdorf), Postleitzahl: 64-772: Hotel und Restaurant ›Villa Drawa‹, Tel. 762 41 23, deutschsprachig.
Rehabilitations- und Erholungszentrum am See Solecko (Schulzensee), Tel./Fax 762 11 83.
Restaurant ›Warszawianka‹, Platz Wilenski 6, Tel. 762 16 40.
Restaurant ›Piwnica‹, Straße Kościuszki 41, Tel. 762 16 17.
Restaurant ›Basen‹ Straße Mickiewicza, Tel.762 19 09.
Bar ›Mysliwska‹, Straße Niepodleglosci.

Zagorze (Langs Theerofen). Am See Lubowo (Libau-See) südlich von Drezdenko (Driesen). Erholungszentrum Pelikan‹, Tel. 762 93 18; mit Campingplatz.
Lubiewo (Brand): Erholungszentrum in Goszczanowo (Guscht), Postleitzahl: 64-772: Tel. 762 42 13; geeignet vor allem für Kinder- und Jugendgruppen.

Kulturhaus, Straße Niepodległości 28, Tel. 762 12 50.
Museum Drawa und Noteć-Urwald, Platz Wolności 11, Tel. 762 09 48, geöffnet täglich außer Mo 8 bis 16 Uhr.

Campingplätze in Theerofen, Gottschimm und Libau-See.

Tankstelle, Straße Niepodległości, Tel. 72 07 40.

Strzelce Krajeńskie (Friedeberg)

Das Städtchen Strzelce Krajeńskie (Friedeberg) ist ein günstiger Ausgangspunkt, um die zahlreichen Naturschönheiten der Umgebung aufzusuchen. Aber auch der Ort selbst stellt mit seiner mittelalterlichen Atmosphäre ein lohnendes Ziel dar.

Markt vor der Marienkirche in Friedeberg

Geschichte

Der Name der Stadt wurde 1945 von der slawischen Siedlung Strzelecz (Schütze) übernommen. Diese bestand bis zum 13. Jahrhundert an einer alten Handelsstraße zwischen zwei Seen, an denen bestimmt schon lange Zeit Menschen lebten.

Dieses Gebiet ging im Jahre 1260 als Mitgift der polnischen Prinzessin Konstanze anläßlich ihrer Vermählung mit dem askanischen Markgrafen Konrad in brandenburgischen Besitz über. Nun entstand eine Burg, die jedoch bereits 1272 nach polnischen Angriffen zerstört wurde. Im Jahre 1286 wurde die Stadt Friedeberg erstmalig in einer Urkunde genannt. Seit dieser Zeit hielten sich hier oft die

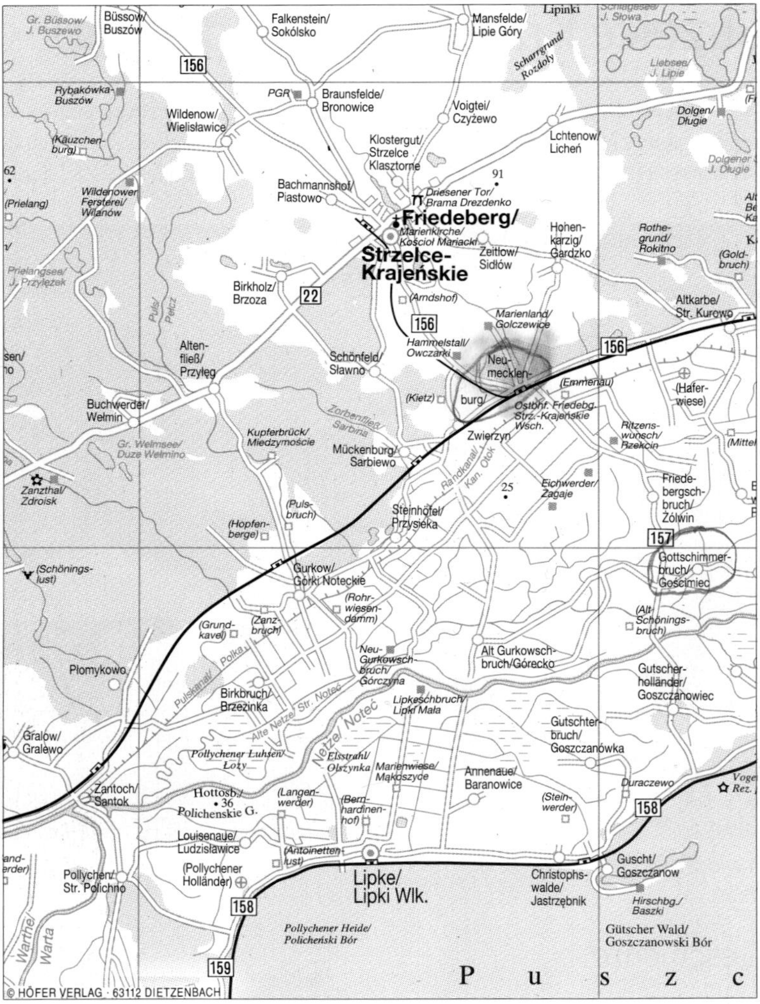

Markgrafen auf. Den Namen des Ortes hatte eine Familie von Friedeberg aus dem Saalekreis mitgebracht.

Die Stadt wurde Sitz eines Hof- und Mannsgerichtes für die Neumark sowie Mittelpunkt einer Region, die 1337 etwa 40 Dörfer umfaßte, später hatte sie den Status einer Kreisstadt. Im Jahre 1433 zerstörten Hussiten die Stadt. Im Dreißigjährigen Krieg gab es starke Verwüstungen, denen auch das 1290 angelegte Augustiner-Eremitenkloster zum Opfer fiel. 1758 plünderten die Russen Friedeberg und hielten es bis 1762 besetzt.

Durch die Urbarmachung des Netzebruches vergrößerte sich die Feldmark der Stadt. Wichtige Gewerbe waren die Tuchmacherei, die Schuhmacherei und die Brauerei. Um 1825 kam der Anschluß an die Staatsstraße von Berlin nach Ostpreußen, die später als Reichsstraße 1 bekannt geworden ist. Die 1857 in Betrieb genommene Ostbahn führte sieben Kilometer von der Stadt entfernt vorbei. Erst vierzig Jahre später erhielt Friedeberg Anschluß durch eine Nebenbahn.

Im Jahr 1800 zählte der Ort etwa 3000 Einwohner, zwischen 1900 und 1945 waren es um 6000. Der seit 1816 brandenburgische Kreis Friedeberg wurde 1938 Pommern angegliedert. Das Zentrum wurde durch Kriegseinwirkungen 1945 stark zerstört.

Als 1973 die mächtige Marienkirche wieder eingeweiht wurde, hielt auch der letzte evangelische Superintendent des deutschen Kirchenkreises eine Ansprache. Neben dem Gotteshaus wurden von der alten Bausubstanz die Befestigungsanlagen restauriert. Sonst bestimmen Neubauten das Stadtbild. Heute leben hier rund 12 000 Einwohner.

Ein Stadtrundgang

Eine Besichtigung von Strzelce Krajeńskie beginnt an der zentralen Bushaltestelle westlich vom Zentrum. Hier befindet sich auch der Bahnhof der inzwischen stillgelegten Nebenstrecke. In Richtung Innenstadt liegen hinter dem Ring der Stadtmauer links das Hotel sowie rechts ein attraktives Restaurant.

Das erste Ziel ist die Marienkirche. Im Jahre 1945 ausgebrannt, wurde das große Gotteshaus Ende der sechziger Jahre wieder aufgebaut. Der Turm bekam aber nicht wieder seine alte Form, sondern ein niedrigeres Dach. Im Innern beeindrucken das schöne Sterngewölbe und die ummauerten Pfeiler. Die Grünanlage neben der Kirche ziert ein Brunnen mit einer aus Metall gestalteten grazilen Figur eines Greifvogels.

Vom Haupteingang der Kirche aus begibt man sich durch die Straße Sienkiewicza (Turmstraße) zur Bastei Wiezienna (Neues Tor). Hier sind noch alte Häuser erhalten, und der Wehrturm ragt neben einer Straßendurchfahrt in die Höhe. Wenn man sich hier rechts hält, kann man innerhalb des Mauerringes fast den gesamten mittelalterlichen Stadtkern umwandern. Dabei stellt man fest, daß die Stadt einst kreisförmig mit spielbrettartiger Aufteilung der Straßenzüge angelegt wurde. Die Mauern sind bis zu drei Metern dick und stellenweise sogar noch in der Originalhöhe von bis zu sieben Metern erhalten. Ab und zu gibt es Türdurchgänge zu den dahinterliegenden Gärten.

Das Driesener Tor, heute Brama Młynski genannt

An der nächsten Straßendurchfahrt kann man etwas hinaus zu den von Grünanlagen umgebenen Seen Gornę und Dolne (Ober- und Untersee) wandern. Links der Straße liegt eine Badeanstalt, rechts sind Speichergebäude aus dem 18. Jahrhundert zu sehen.

Zurück an der Stadtmauer, kommt man zum Tor Młynski (Driesener Tor). Der stattliche Bau mit seinem gotischem, reich verziertem Turm und Wehrgang blieb gut erhalten. Daneben befindet sich noch ein Wiekhaus. Früher führte durch die spitzbogige Durchfahrt die Straße nach Drezdenko (Driesen). Weiter an der Stadtmauer entlang fallen ein Mühlstein und ein eingemauertes Kreuz auf. Früher gab es stattliche 38 Türme und zahlreiche Wiekhäuser. Manche Stellen entlang der Stadtmauer sind von Unkraut überwuchert, andere wie die Straßenausfahrt in Richtung Süden sind gepflegt. Hier sind zwei Türmchen sowie das Wappen der Stadt angebracht.

Nach der Rückkehr zum Ausgangspunkt bleibt vielleicht noch Zeit für einen Bummel über den Basar. Er befindet sich auf dem Marktplatz im Zentrum. Daneben lädt im Keller des Rathauses ein stilvolles Restaurant zur Erfrischung ein. Bei schönem Wetter bietet auch der schattige Park nahe des Bushaltepunktes Platz für eine beschauliche Rast.

Die Umgebung

Das Wort Krajeńskie im Stadtnamen deutet an, daß hier eine Landschaft in die andere übergeht. Man befindet sich am Rand vom Tal bzw. Bruch der Noteć (Netze). Die Niederung im Süden verfügt auch über ihre Reize, aber touristisch interessanter sind die großen Seen und Wälder im hügeligen Gelände westwärts und nordostwärts.

Richtung Dobiegniew (Woldenberg) kommt man über Licheń (Lichtenow) nach Długie (Dolgen). Dort gibt es am See Lipie (Liebsee) herrliche Sandstrände und vielfältige touristische Einrichtungen. In der Kirche von Licheń wurde übrigens 1780 Franz Balthasar Schönberg von Brenckenhoff bestattet, der das Warthe- und Netzebruch urbar machte.

Die Straße nach Barlinek (Berlinchen) führt über Buszów (Büssow) nach Danków (Tankow) mit alter Kirche und Park. Hier kann man in einem romantisch gelegenen See baden und ein gutes Restaurant aufsuchen. Über Wielisławice (Wildenow) führt der Weg nach Wilanów (Wildenower Försterei) in einen urwüchsigen Landschaftspark. An der Straße weiter nach Santoczno (Zanzhausen) werden alte Bestände von Buchen und Eichen geschützt. Hier steht die riesige Eiche ›Sobieski‹, die 400 Jahre alt sein soll und einen Stammesumfang von mehr als sechs Metern aufweist.

Vielleicht unternimmt man auch eine Rundfahrt in das landwirtschaftlich geprägte Hügelland im Norden mit den Kirchdörfern Lipie Góry (Mansfelde), Lubicz (Blumenfelde), Bobrówko (Breitenstein), Sokólsko (Falkenstein) und Bronowice (Braunsfelde) sowie im Osten nach Gardzko (Hohenkarzig).

Die Entfernung vom Grenzübergang Küstrin-Kietz beträgt etwa 75 und von Frankfurt (Oder) etwa 105 Kilometer.

Den Bushaltepunkt findet man westlich vom Zentrum an der Straße nach Gorzów (Landsberg).

Die Bahnstation liegt etwa sechs Kilometer entfernt an der Strecke Berlin-Gorzów (Landsberg)-Krzyz (Kreuz).

Taxis findet man an der Straße Zachodni.

Postleitzahl: 66-500; Vorwahl: 095.
Touristen-Information Rynek 3 (Marktplatz).

Hotel ›Staropolski‹, Straße B. Chrobrego 19, Tel. 763 11 12.
Hotel ›Łucznik‹, Straße Sportowa 1, Tel. 762 29 95; mit Sauna und Sportanlagen.
Jugendherberge, Straße Zachodnia 11 (Grundschule Nr. 2), Tel. 763 29 73 (Juli und August).
Restaurant ›Rycerska‹, Straße B. Chrobrego 2.
Café ›Moana‹, Straße Podwale.
Bar ›Kubus‹, Straße Targowa 8a
Im Ort weitere kleine gastronomische Einrichtungen.

Kulturhaus, am Platz Rynek.

Badeanstalt am See Gorne (Obersee).
In Długie (Dolgen): Erholungszentrum mit Camping und festen Häusern am See Lipie (Liebsee), Tel. 763 29 35; Möglichkeiten zum Segeln und zum Tauchsport.
In Danków (Tankow): Badeanstalt mit Möglichkeit zum freien Zelten.

Tankstelle an der Straße Wojska Polskiego.

Santok (Zantoch)

Wenn von einem ›polnischen Troja‹ die Rede ist, dann spricht man über Santok. Hier, in einer wunderschönen Landschaft am Zusammenfluß von Noteć und Warta wurden nacheinander zwölf Burgen errichtet und immer wieder zerstört. Daran erinnern ein Museum und Freilichtanlagen. Von den Abhängen herab überblickt man das einzigartige Bruchgelände, das ein bevorzugtes Revier für Störche ist. Im Sommer kann man zudem regelrechte ›Froschkonzerte‹ erleben.

Geschichte

An der Stelle eines Flußüberganges bei der Mündung der Noteć (Netze) in die Warta (Warthe) liegt uraltes Siedlungsgebiet, was Funde aus der Zeit der Wikinger belegen. Im 9. Jahrhundert reichte bis hierher der Siedlungsraum der Pommern. Man vermutet, daß sie die ersten Befestigungen angelegt haben. Um 990 wurde der Kreuzungspunkt wichtiger Handelsstraßen von den Polen erobert. Sie errichteten einen Ringwall. Die Pommern versuchten, sich am nördlichen Flußufer, auf dem sogenannten Schloßberg, zu behaupten. Sie mußten aber um

Die Flußlandschaft bei Santok (Zantoch) ist ein Paradies für Naturfreunde

1100 diese Region aufgeben. Santok wurde Sitz einer polnischen Kastellanei und Propstei, vorübergehend war der Ort in schlesischem Besitz. Wahrscheinlich schon im 11. Jahrhundert entstand die Andreaskirche.

Durch die Vermählung des Markgrafen Konrad mit der polnischen Prinzessin Konstanze ging der Besitz einschließlich größerer Ländereien in brandenburgische Hand über. Auch die Burg kam 1296 in den askanischen Machtbereich. Bis zum 14. Jahrhundert gab es aber fortwährend kriegerische Auseinandersetzungen um Santok.

Auf dem Gelände der sogenannten Schanze wurden bei Ausgrabungen um 1930 insgesamt zwölf Burganlagen nachgewiesen. Davon werden fünf als slawisch, vier als frühdeutsch und drei als spätmittelalterlich aus der Zeit der Johanniter eingestuft. Die Befestigungen wurden zerstört und an gleicher Stelle immer wieder neu errichtet.

1296 wurde der Sitz der Propstei nach Myślibórz (Soldin) verlegt, 1437 erbaute der Deutsche Orden an der Stelle der früheren Pommernburg einen Turm. Im 15. Jahrhundert kam der Ort nochmals in den Besitz Polens und wurde auch von den Hussiten erobert. Danach war er ständig brandenburgisch, aber er verlor seine Bedeutung als Grenzfestung.

Neben der Burg hatten sich seit dem 14. Jahrhundert ein Marktflecken sowie ein Kietz entwickelt. Mit Kietz wurde der Teil der Siedlung außerhalb der Stadt-

Blick vom Aussichtsturm auf das malerische Santok (Zantoch)

mauern bezeichnet, in dem vornehmlich die slawische Restbevölkerung lebte, die in der Regel auch das Personal der jeweiligen Herrscher stellte. Nach diversen Zerstörungen im Dreißigjährigen sowie auch im Siebenjährigen Krieg blieb es aber weiterhin bei einer ländlichen Siedlung, und der Marktflecken entwickelte sich nicht weiter.

Heute ist Santok ein beschauliches Dorf, das aber wegen seiner bedeutenden Vergangenheit viele Touristen anzieht. Man kann sich anhand dieses Ortes über die Zeiten des freundschaftlichen, aber auch des feindlichen Verhältnisses zwischen Deutschen und Polen einen Überblick verschaffen.

Ein Rundgang

Santok ist ein langgestrecktes Straßendorf. Es zieht sich zwischen der Warta (Warthe), der Noteć (Netze) und dem Kanal Polka (Pulskanal) auf der südlichen und Berghängen auf der nördlichen Seite hin. Der Platz reicht gerade für die Häuserzeilen, die Straße und die Bahnstrecke aus.

Etwa in der Mitte des Ortes, in der Nähe des Glockenturmes im Fachwerkstil aus dem 18. Jahrhundert, führt ein Fußweg zu einer Aussichtshöhe hinauf. Wo früher eine Burg war, erhebt sich als Nachfolgebau des ›Bergfriedchens‹, das der Deutsche Orden errichtet hatte, ein Aussichtsturm. Obwohl er in jüngster Zeit nicht zugänglich war, so hat man auch von den Bergen herab eine wundervolle Sicht auf Santok, die Niederungen an der Warta und Noteć sowie zu den Wäldern in der Ferne.

Etwas weiter flußabwärts kommt man durch eine Bahnunterführung zur Kirche aus dem Jahre 1857. Hier bietet ein Seitental auch Platz für mehrere Gehöfte. Die Straße Wodna führt am Museum vorbei zur Fähre. Die Ausstellungen im Museum sollte man sich unbedingt ansehen. In anschaulichen Großbildern sowie anhand von Dokumenten und Funden wird die Geschichte der zahlreichen Burganlagen dargestellt. Daneben gibt es Sonderausstellungen.

Anschließend kann man sich mit der Fähre zum anderen Ufer der Warta übersetzen lassen und sich den Platz, auf dem sich die Burganlagen befanden, ansehen. Hier auf der ehemaligen Schanze deuten mehrere hölzerne Figuren und Festungsfragmente den einstigen Umfang der historischen Bauten an.

An der Straßenkreuzung nahe der Brücke befinden sich das Hotel mit Restaurant, das Kulturhaus, in dem man touristisches Material erwerben kann, und mehrere Geschäfte. Von der Brücke herab bietet sich ein wunderschöner Blick auf beide Flüsse. Von 1872 bis 1874 wurde die Mündung der Noteć in die Warta um etwa einen Kilometer stromabwärts verlegt. An der Brücke kann man auch zur Noteć heruntergehen.

Die Umgebung

Um Santok findet man mehrere Landschaftsformen vor. Einmal das sich hier gabelnde Urstromtal der Warta und der Noteć, im Norden ein von zahlreichen Fließen durchzogenes Höhengebiet sowie ein riesiges, meist sandiges, aber pilzreiches Waldgelände, die Puszcza Notecka. Durch die natürliche Überflutung des

Idylle in der Umgebung von Santok (Zantoch), hier bei Goszczanowo (Guscht)

Tales in jedem Frühjahr bietet sich der grandiose Anblick einer riesigen Wasserfläche. Wenn das Wasser wieder abgeflossen und der normale Wasserstand erreicht ist, gedeihen hier zahlreiche seltene und schön blühende Pflanzen. Viele Störche finden reichliche Nahrung.

Nach Süden und Osten hinter Stare Polichno (Pollychen) mit seinerr schönen Kirche sind die nächsten Dörfer weit entfernt. In Murzynowo (Morrn) bestehen Ziegeleien und ein attraktives Sportzentrum einschließlich Touristenunterkünfte. Hinter Lipki Wlkp. (Lipke) kommt man über Jastrzebnik (Christophswalde) nach Goszczanowo (Guscht). Hier befindet sich ein See mit schönen Badestellen. Zwischendurch sind auf Wiesen und fruchtbaren Äckern viele vereinzelte Bauerngehöfte verstreut.

Im Norden bietet sich ein anderes Bild. Außer Górki Noteckie (Gurkow) liegen Gralewo (Gralow), Janczewo (Jahnsfelde) und Różanki (Stolzenberg) auf der Hochebene. Kirchen sind zumeist die einzigen Sehenswürdigkeiten.

Durch Santok führt ein markierter Wanderweg. Er kommt im Süden aus Lubniewice (Königswalde) und Skwierzyna (Schwerin) und verläuft nördlich durch ein großes Wald- und Seengebiet nach Barlinek (Berlinchen). Die vielfältige Natur und Landschaft um Santok läßt sich am besten erschließen, wenn man mit dem Fahrrad unterwegs ist.

Die Entfernung vom Grenzübergang Küstrin-Kietz beträgt 70 und von Frankfurt (Oder) etwa 95 Kilometer.

Eine Bushaltestelle findet man im Zentrum.

Der Ort befindet sich an der Bahnstrecke Gorzów (Landsberg)-Krzyz (Kreuz).

Postleitzahl: 66-431; Vorwahl: 095.

Das Kulturhaus mit Gastronomie findet man an der Straßenkreuzung nahe der Brücke.
In Murzynowo (Morrn): Unterkünfte und Verpflegung im Sportzentrum.
In Goszczanowo (Guscht): Jugendherberge in der Grundschule sowie Erholungszentrum (Siehe Kapitel Drezdenko).

Museum mit Darstellungen zur Geschichte und Landschaft, Straße Wodna 2a, nahe der Fähre,
geöffnet 10 bis 18 Uhr (nach Bedarf).
Freilichtausstellung auf dem Gelände der einstigen Burgen, nur mit der Fähre zu erreichen.

Tankstelle in Lipki Wielki (Lipke).

Gorzów Wlkp. (Landsberg/Warthe)

Bereits im 14. Jahrhundert war die schön gelegene Stadt der Mittelpunkt der Region. Heute ist sie Verwaltungs-, Wirtschafts- und Kulturzentrum einer Wojewodschaft, deren Sitz sie sich mit Zielona Gora (Grünberg) teilt. Sie hat rund 130 000 Einwohner.

Den Touristen werden eine städtische Atmosphäre und zahlreiche Sehenswürdigkeiten geboten. Gorzów ist auch Verkehrsknotenpunkt für Straßen und für Schienenwege, außerdem dient die Warta dem Fracht-, Passagier- und Sportbootverkehr. In der näheren Umgebung gibt es viele Ausflugsziele und Erholungszentren.

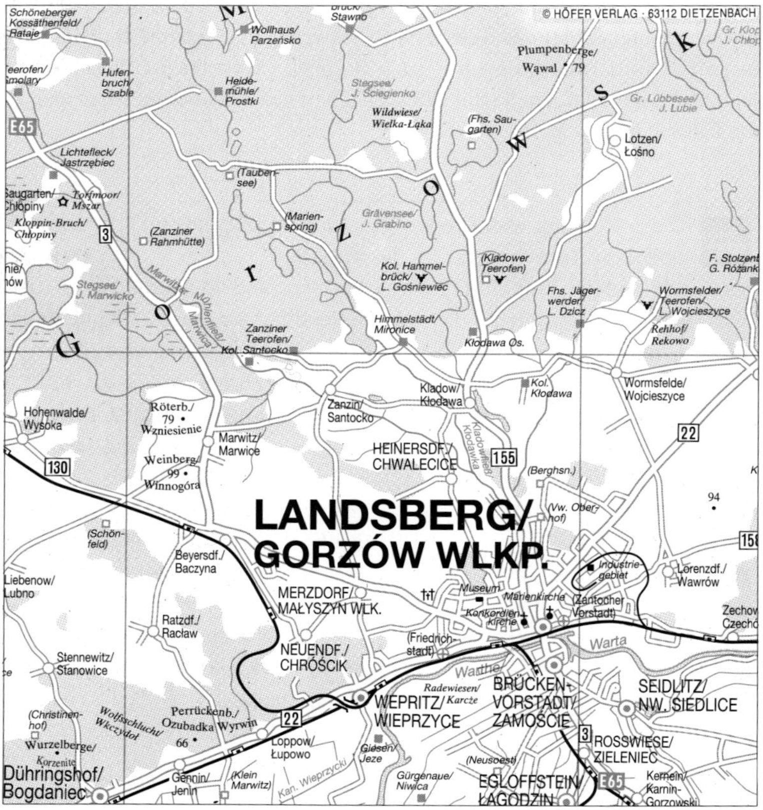

In der Schröderschen Villa in Landsberg ist heute ein Museum untergebracht

Geschichte

Burgwälle und Funde weisen darauf hin, daß im Stadtgebiet von Gorzów vorgeschichtliche Siedlungen bestanden. Handelswege kreuzten sich hier an einem Übergang über die Warta. Über die Gründung der deutschen Stadt Neu-Landsberg im Jahre 1257 – sicherlich ist der Name von Landsberg/Altlandsberg bei Berlin entlehnt – liegt eine Urkunde vor. In ihr wurde Albert von Luge durch den Markgrafen Johann I. beauftragt, an der Mündung der Kładowka (Kladow) eine befestigte Stadt einzurichten. Sie sollte zu einem Bollwerk gegen die nur wenige Kilometer entfernte polnische Grenzfestung Santok (Zantoch) gemacht werden.

Landsberg entwickelte sich dank der günstigen Lage bald zu einer größeren Stadt. Schon im 14. Jahrhundert unterstanden ihr rund vierzig der umliegenden Dörfer. Im Dreißigjährigen Krieg wurde die Stadt schwer zerstört. Viele Bürger flohen nach Polen. Die Rolandfigur als Wahrzeichen der städtischen Freiheit verschwand.

Das 18. Jahrhundert brachte wieder Wohlstand, vor allem durch Tuchmacherei und Wollhandel. Ein Jahrhundert später wurde Landsberg die größte neumärkische Industriestadt. Von dem damals bedeutenden Handel zeugt noch das Speichergebäude an der Warta aus der Zeit um 1800. Durch den Eisenbahnanschluß nach Berlin ab 1857, dem Bahnverbindungen nach Miedzyrzecz (Meseritz) im

Jahre 1896 und nach Myślibórz (Soldin) sowie nach Sulęcin (Zielenzig) im Jahre 1912 folgten, wurde diese Entwicklung noch gefördert.

Diese Entwicklung läßt sich auch an den Einwohnerzahl ablesen. Sie stieg von rund 21 000 im Jahre 1875 über etwa 37 000 im Jahr 1905 an und lag kurz vor dem Zweiten Weltkrieg bei knapp 50 000.

Ab 1816 war Landsberg Sitz einer Kreisbehörde. Im Jahre 1892 wurde ein selbständiger Stadtkreis gebildet. Auch in Kultur und Wissenschaft war die Stadt bedeutsam, so bestand bereits seit 1816 ein festes Schauspielhaus. Die höhere Lehranstalt für praktische Landwirte hatte einen guten Ruf, ebenso die ›Preußischen

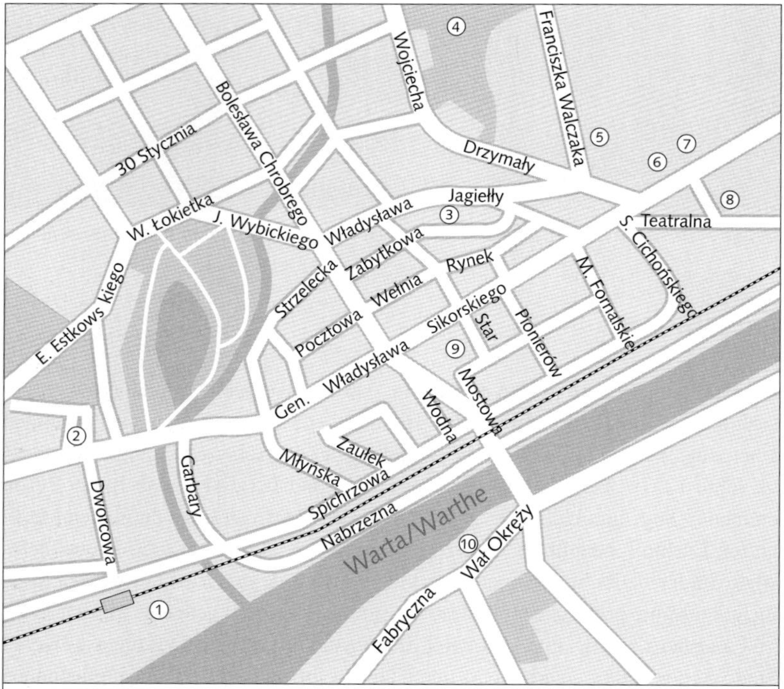

Gorzów

Legende

1 Bahnhof
2 Mickiewicz-Denkmal
3 Stadtmauer
4 Amphitheater
5 Konkordienkirche
6 Schrödersche Vila
7 Kirche Zum Heiligen Kreuz
8 Theater
9 Marienkirche
10 Museum im Speicher

Landwirtschaftlichen Versuchs- und Forschungsanstalten‹. In Landsberg wirkten der Philosoph und Theologe Friedrich Schleiermacher, der Dichter Gottfried Benn sowie der Musiker und Komponist Carl Teike. Christa Wolf wurde 1929 hier geboren und hat über die Stadt geschrieben.

Ende des 19. Jahrhunderts wurde der ›Verein für die Geschichte der Neumark‹ in Landsberg gegründet und erwarb sich Verdienste bei der Erforschung und Verbreitung der Regionalgeschichte. Das traditionsreiche Museum ist 1945 zerstört worden, überhaupt hat die Stadt am Ende des Zweiten Weltkriegs schwer gelitten.

In den heutigen Museen, durch den ›Verein der Freunde des Archivs und der Vergangenheitsbewahrung‹, durch die Zeitschrift ›Trakt‹ sowie durch Kontakte zu deutschen Partnern wird die Vergangenheit für die Gegenwart bewahrt. Das spüren auch die Touristen, wenn sie die Stadt besichtigen. Trotz der starken Kriegszerstörungen im Zentrum präsentieren sich viele historische Gebäude im alten Glanz.

Ein Stadtrundgang

Der Rundgang zu den wichtigsten Sehenswürdigkeiten beginnt am Bahnhof, wo sich auch der zentrale Bushaltepunkt befindet. Direkt vom Bahnhofsausgang führt die Straße Dworcowa (Bahnhofstraße) auf das Denkmal für den polnischen Dichter Adam Mickiewicz (1798–1855) zu. Vor dem Denkmal geht man die belebte Geschäftsstraße nach rechts und hinter der in einer schönen Ville untergebrachten Bibliothek nach links in den reizvollen Park am Flüßchen Kłodawka (Kladow). Man durchquert die Anlagen vorbei am historischen Postgebäude, wobei man sich immer rechts hält.

Auf der Straße Wybickiego (Blücherstraße) gelangt man an eine verkehrsreiche Kreuzung und entlang des Blumenmarktes an die Fragmente der Stadtmauer aus dem 15. Jahrhundert. Links geht man am Stadtbad vorbei auf hügeliges Gelände zu. Eine breite Treppe führt zu Aussichtspunkten hinauf, von wo man einen schönen Blick auf die Stadt und die Flußniederung hat. Schöne Wege führen um die Freilichtbühne herum und an der anderen Seite der Anhöhen zur Straße Fr. Walczaka (Friedeberger Straße) hinunter. Stadtauswärts führt diese Straße zum früheren deutschen Friedhof mit einem Gedenkstein für die Toten der Jahre bis 1945. Unweit davon, an der Straße Pomorska, steht eine Kapelle. Sie ist seit 1963 die Dreifaltigkeitskirche der kleinen evangelischen Gemeinde und wird vom einzigen protestantischen Pfarrer in der Region der ehemaligen Neumark betreut.

Zum Zentrum hin steht an der nächsten Kreuzung die frühere Konkordienkirche, jetzt ›weiße‹ Kirche genannt. In ihrer heutigen Form entstand sie 1776, sie beherbergt eine schlichte, moderne Innenausstattung. Um die Ecke links wurden

Klostergebäude errichtet. An der anderen Straßenseite befindet sich die grazile Skulptur eines zum Flug ansetzenden Großvogels. Man geht weiter zum Kino ›Kopernik‹ und zum Landesmuseum in der ehemaligen Schröderschen Villa aus der Zeit um 1900. Nicht nur die Ausstellungen mit Zeugnissen seit Beginn der deutschen Geschichte sind sehenswert, sondern auch der Park mit seltenen Bäumen, Plastiken und dem Aussichtspunkt vom hoch gelegenen Wall.

Etwas weiter erhebt sich die Kirche zum Heiligen Kreuz. Man überquert die Straße und geht zur parallelen Straße Teatralna (Theaterstraße). Links bleiben die Gebäude des Krankenhauses sowie der Landwirtschaftlichen Versuchs- und Forschungsanstalten zurück. Nach rechts gelangt man bald zum traditionsreichen Theaterbau mit seinen dorischen Säulen und kommt dann auf die Hauptstraße und zur Marienkirche zurück.

Die sogenannte weiße Kirche in Gorzów

Hier im Zentrum sind nur wenige alte Bürgerhäuser erhalten geblieben. Der Paucksch-Brunnen als Wahrzeichen der Stadt wurde mit deutscher Unterstützung wieder errichtet, das steinerne Stadtwappen steht bereits auf einer Grünanlage gegenüber der Stadtverwaltung. Die mächtige Marienkirche von etwa 1290 ist heute Kathedrale und beeindruckt durch ihre reiche Innenausstattung.

Von hier geht es weiter zum Eisenbahnviadukt und zur Warta. Dazwischen erstreckt sich ein großer Basar. Nach Überschreiten der Brücke steht man vor dem Museum im Speicher. Es bietet umfangreiche Sammlungen von der Vorgeschichte bis zur modernen Kunst sowie Sonderaussellungen. In der sogenannten Brükkenvorstadt sind noch das Kulturhaus (Paucksch-Villa) am Ufer der Warta und die König-Christi-Kirche (Lutherkirche) sehenswert. Das Gotteshaus entstand 1930 als Rundbau und verfügt über eine herrliche Akustik. Zurück zum Ausgangspunkt kann man hinter der Brücke auf der Uferstraße bleiben und kommt dann durch die Bahnbögen auf einer Parallelstraße zum Bahnhofsvorplatz.

In der Innenstadt von Gorzów

Die Umgebung

Das Tal der Warta (Warthe) mit einer fruchtbaren Bruchlandschaft im Süden und einer zum großen Teil bewaldeten sowie mit zahlreichen Seen und Fließen durchsetzten Hochebene im Norden bestimmt den landschaftlichen Charakter um Gorzów. Im Sommer kann man eine Schiffsfahrt nach Santok (Zantoch) unternehmen und dabei diese beiden Flurformen erleben. Südlich der Stadt verläßt man erst nach etwa 15 Kilometern die Niederung. Ein interessantes Ziel ist hier der von urwüchsigem Wald umgebene langgestreckte See Glinik (Bestiensee) bei Glinik (Altensorge). Richtung Osten führt die Talstraße über Czechów (Zechow) mit bemerkenswerter Kirche oder die Höhenstraße über Wawrów (Lorenzdorf) nach Santok (Zantoch).

Die Marienkirche ist das Wahrzeichen von Gorzów

Die Straße in Richtung Kostrzyn (Küstrin) verläuft vorbei an einer neuen orthodoxen Kirche unterhalb der Hochebene über Wieprzyce (Wepritz), Łupowo (Loppow) und Jenin (Gennin). Wanderwege führen parallel auf der bewaldeten Höhe entlang.

Nach Nordosten kommt man über Rożańki (Stolzenberg) bei Zdroisk (Zanzthal) in ein Seengebiet, das von hier nach Norden hin inmitten schöner Wälder zahlreiche Campingplätze sowie Gelegenheiten für Wassersport und zum Angeln bietet. Über Moczydło (Mückeburg), Łubianka (Breitebruch) und Kłodawa (Kladow) kann man nach Gorzów (Landsberg) zurückfahren.

In Mironice (Himmelstädt) bei Klodawa bestand seit dem 14. Jahrhundert ein Kloster, dessen Gebäude 1872 durch einen Brand vernichtet wurden. Die Mönche und später das landesherrliche Amt besaßen unter anderem große Waldungen mit idyllisch gelegenen Seen.

In der Nähe befinden sich ausserdem die Bauerndörfer Santocko (Zanzin), Marwice (Marwitz), Baczyna (Beyersdorf), Racław (Ratzdorf), Chróscik (Neuendorf) und Małyczyn (Merzdorf). Mehrere dieser Orte besitzen sehenswerte Kirchen .

Die Entfernung vom Grenzübergang Küstrin-Kietz beträgt etwa 50, von Frankfurt (Oder) und Schwedt je etwa 80 Kilometer.

Bushaltepunkt am Bahnhof, unter anderem mit der Direktlinie von Słubice.

Es gibt eine direkte Bahnverbindung ab Berlin über Kostrzyn (Küstrin).

Taxistände unter anderem am Bahnhof, am Hotel ›Mieszko‹ und an der Marienkirche.

Postleitzahl: 66-400; Vorwahl: 095.
›Warta Tourist‹, Straße Kosynierów Gdyńskich 82,
Tel. 722 85 04, Fax 722 48 87.
Touristen-Pavillon der Euroregion neben der Kathedrale.

Hotel ›Mieszko‹ mit Casino, Straße K. Gdyńskich 81, Tel. 720 50 55, Fax 722 56 71.
Hotel Qubus, Straße Orlat Lwowskich 3, Tel.735 07 35, Fax: 735 17 35; gehobene Ausstattung.
Hotel ›Stilon‹, Straße Walczaka 20a, Tel. 733 24 42.
Hotel ›Metalowiec‹, Straße Szczecinska 25, Tel. 722 73 41.
Jugendherberge (Schülerheim), Straße Woskowa, Tel. 722 85 54.
Jugendherberge, Straße Wyszyńskiogo 8, Tel. 722 74 70 (ganzjährig).
Restaurant ›Karczna Słupska‹, Straße Mieszka I 61, Tel. 722 64 58.
Restaurant ›Słowiańska‹, Straße Sikorskiego 34a, Tel. 722 75 97.
Restaurant ›Sezam‹, Straße Pionerow 3, Tel. 722 25 07.

Restaurant ›U Marii‹, Straße Walczaka 16a, Tel. 722 56 79. Außerdem zahlreiche Bars und Cafés.

Sport-und Erholungszentrum Słowianka, Straße Słowiańska 14, Tel. 733 85 00, Fax 733 85 02. Große Badelandschaft, Sauna, Fitnesscentrum, Restaurant und Bar. Für den Sommer 2003 ist die Wiedereröffnung der alten Marina geplant.

Im großen Wald- und Seengebiet nordöstlich von Gorzów (Landsberg) bestehen Campingplätze und Feriensiedlungen, u. a. am See Lubie (Lübbesee), am See Nierzym (Nierimsee), in Rybakowo (Rohrbruch), in Santoczno (Zanzhausen) und bei Zdroisk (Zanzthal).

Bezirksmuseum (Jan Dekert), Straße Warszawska 35, Tel. 732 28 43, geöffnet Di bis Fr 10 bis 16 Uhr, So 11 bis 17 Uhr. Warthe-Museum im Speicher (Spichlerz), Straße Fabryczna 1, Tel. 722 54 68, geöffnet Di bis Fr 10 bis 16 Uhr, So 11 bis 17 Uhr. Ausstellungszentrum der ›STILON AG‹, Straße Pomorska 71, Tel. 733 25 67. Kunstausstellungen, Klub, Café, Bibliothek, Kino, geöffnet täglich 8 bis 20 Uhr. Landesarchiv, Straße Grottgera 24/25, Tel. 722 79 68. Theater ›J. Osterwy‹, Straße Teatralna 9, Tel. 722 58 84. Wojewodschafts-Kulturhaus, Straße Wał Okreżny 37, Tel. 722 44 09. Außerdem mehrere Kunstgalerien und Klubs.

›Festival der Zigeunermusik‹ jedes Jahr im August. Sozial-kulturelle Gesellschaft der deutschen Minderheit, Straße Podmiejska 20.

An der Warta bei Gorzów

Witnica (Vietz)

Umrahmt von großen Waldungen mit schönen Seen im Norden sowie der breiten Bruchlandschaft an der Warta im Süden bietet Witnica gute Voraussetzungen als Unterkunftsort und Ausgangspunkt für Wanderungen oder für einen naturnahen Urlaub. Die Kleinstadt mit traditionsreichen Betrieben konnte viel von ihrer Vorkriegssubstanz erhalten.

Grabsteinsammlung in Witnica (Vietz)

Geschichte

Die Region um Witnica war bereits in der Steinzeit besiedelt. Um die Zeitenwende verlief in dieser Gegend die Grenze zwischen den Burgunden und den Wandalen. Weite Gebiete des Bruchs und der Sandflächen galten als menschenleer. Nach den germanischen Stämmen kamen wenige slawische Einwohner, meist Fischer, in diese Landschaft.

Als im 13. Jahrhundert der Templerorden das Land als Besitz erhielt, ließ er vermutlich das Dorf von deutschen Bauern gründen. Der noch junge Ort wurde 1261 einschließlich der weiteren Umgebung an den brandenburgischen Staat abgetreten. Um 1300 war Vietz wieder kirchlicher Besitz, als Geschenk des Markgrafen an das Zisterzienserkloster Himmelstädt. Im Jahre 1337 wurde ein Gotteshaus erwähnt. Nach der Reformation gehörte Vietz zu einem herrschaftlichen Amt.

Bereits im Mittelalter wurden an einem Fließ (der Witna) Mühlen angelegt. Die wirtschaftliche Entwicklung verlief durch die Lage an der Handelsstraße von Küstrin nach Landsberg und später durch den Bahnanschluß günstig. 1747 entstand eine Strumpf- und Leinenfabrik, wenige Jahre später folgte ein königliches Eisenhüttenwerk. Die zwei Hochöfen wurden 1842 stillgelegt, das Werk aber privat als Eisengießerei und Maschinenfabrik weiterbetrieben. Daneben entstanden Sägewerke, Ziegeleien, eine Brauerei und Möbelfabriken. Auch die Landwirtschaft und Viehmärkte waren von Bedeutung.

Um 1850 hatte Vietz etwa 2500 Einwohner, 1939 waren es 5623. Nach der Eingemeindung mehrerer Nachbarorte im Jahre 1929 erhielt Vietz 1935 das Stadtrecht. Auch in polnischer Zeit hat Witnica viel von seiner alten Struktur behalten. Besonders der Lehrer im Ruhestand Zbiegniew Czarnuch engagiert sich dafür,

Der ›Park der Meilensteine‹

durch das Sammeln und Vorstellen von Gegenständen der Vergangenheit die Geschichte und Traditionen wachzuhalten. Er spricht deutsch und vermittelte schon viele Freundschaften zwischen Deutschen und Polen. •

Touristen sind in Witnica immer gern gesehen und fühlen sich in der beschaulichen Atmosphäre und landschaftlich schönen Umgebung wohl.

Ein Stadtrundgang

Treffpunkt für einen Stadtbummel ist am besten der Platz vor der Backsteinkirche, deren Orgel 2002 restauriert wurde. Sie entstand in der jetzigen Form bis 1878. Die Innenausstattung mit der Holztäfelung ist eine Augenweide.

Noch älter sind gegenüber die Gebäude der Brauerei und Malzfabrik. Hier wird nach alten Rezepten das WIT-Bier hergestellt, und es gibt auch die Marke ›Landsberger‹. Man kann die Brauerei besichtigen und anschließend an einer Bierprobe teilnehmen. Auf Etiketten weist die Jahreszahl 1841 auf die Tradition der Fabrik hin.

Im kleinen Park an der Hauptkreuzung steht ein polnisches Denkmal. Dahinter geht man auf der Straße Krasickiego zum Bahnhof, denn sein Komplex ist bauhistorisch interessant. Gleich hinter den Gleisen beginnt die Wiesenlandschaft des Bruchs. Zurück ist vorbei an einem Geschäftstrakt und am Hotel das Zentrum wieder erreicht, und man biegt nach links ab. Vor einem neuen Bankgebäude geht

Die ›Gelbe Villa‹

man rechts um die Ecke, wo ein Gedenkstein zur Erinnerung an die hier einst befindliche Synagoge steht, in die Straße Sikorskiego (Hermann-Strunk-Straße) mit ihren vielen Villen. Im Haus Nummer 35 befindet sich die größte zugängliche Privatsammlung von polnischen Armeewaffen der Jahre 1939 bis 1945.

Davor rechts in der sogenannten ›Gelben Villa‹ entstand ein Kulturzentrum, in dem neben der Bibliothek, der Kunstgalerie, Veranstaltungsräumen, dem ›Zentrum für euroregionale Forschungen‹ und dem ›Zentrum für Deutsch-Polnische Zusammenarbeit: Heimat‹ auch das Regionalmuseum untergebracht ist.

Man kann noch bis zur Stelle der alten Eisengießerei an der Fließbrücke weiterwandern oder nur bis zur früheren katholischen Kirche, die man rechts zwischen Wohnsiedlungen erblickt.

Zurück zum Zentrum geht es auf Fußwegen zu einem langgestreckten Teich mit Badestellen. In der Nähe wurde ein ›Park der Wegweiser‹ angelegt, in dem mit historischen Objekten die Entwicklung der Stadt und der Umgebung und des Straßenverkehrswesens dargestellt wird. Einer der Höhepunkte dieses beeindruckenden Freilichtmuseums ist der Abschnitt ›Exodus‹ mit einem von 1945 nachgestalteten Wegweiserbaum, der die Vertreibung der deutschen und die Neuansiedlung der polnischen Bevölkerung nach Kriegsende darstellt. Man ist bald an der Bushaltestelle und am Ausgangspunkt. Auf der Straße Richtung Sosny (Charlottenhof) sollte aber noch ein Abstecher bis zum Friedhof unternommen werden. Hier wurden deutsche Grabsteine und Tafeln, auch aus der Umgebung, zusammengetragen.

In der Innenstadt fällt noch das Rathaus im ehemaligen Amtsgericht und Gefängnis auf. Daneben befindet sich der Sockel einer Meilensäule von der ›Königsstraße‹. Witnica ist ein schönes Beispiel dafür, wie die deutsche Vergangenheit in die polnische Gegenwart integriert werden kann, was die Menschen beiderseits der Grenze als Freunde zusammenführt.

Badestelle am See von Sosny (Charlottenhof)

Das Museum von Bogdaniec (Dühringshof)

Die Umgebung

Südlich von Witnica erstreckt sich das Warta-Bruch. Bis zum Flußufer mit Fährübergang sind es etwa vier Kilometer. Zwischen den weiten Wiesen- und Weideflächen sowie fruchtbaren Äckern ziehen sich Baum- und Strauchreihen entlang. Das ist eine Idylle für Freunde der Natur.

Nach knapp zehn Kilometern flußaufwärts ist man über Pyrzany (Pyrehne) in Świerkocin (Fichtwerder) an einer Brücke über die Warta. Der Übergang einschließlich des Teiles über die Niederung war früher die längste Straßenbrücke in der norddeutschen Tiefebene. Am anderen Ufer bietet die Straße auf dem Damm schöne Eindrücke von der Landschaft und den Siedlungen. Im Dorf ist ein privater Zoo mit exotischen Tieren die besondere Attraktion.

An der Straße nach Gorzów Wlkp. (Landsberg) folgen Nowiny Wlk. (Döllensradung) sowie Bogdaniec (Dühringshof) mit einem wunderschön im Tal gelegenen ›Museum für Dorfbauweise und Technik‹. Hier kann man betrachten, wie früher gelebt, gearbeitet und eine Wassermühle betrieben wurde.

Hinweis auf den Safari-Park bei Świerkocin (Fichtwerder)

Im Norden von Witnica erstrecken sich auf der Hochebene Kiefern-, Buchen- und Eichenwälder. Entlang des Flüßchens Witna kommt man zu einem Urlauberkomplex und weiter zum See Wielkie (Großer See) mit Campingplatz. Sieben Quellen liefern sein klares Wasser.

Die Straße am Friedhof vorbei führt nach Sosny (Charlottenhof). Davor liegt der See Długie (Dolgensee) mit großer Badestelle und Promenadenwegen. Etwas weiter im Forst liegt der See Rak (Raaksee).

Mehrere markierte Wegstrecken dienen dem Fuß- und Radwanderer für die Orientierung. Besonders schön sind die Schluchtstraßen und -wege zwischen Witnica und Bogdaniec (Düහringshof) zur Hochfläche hinauf, außerdem westlich von Witnica der Höhenwanderweg mit weiten Sichten in das Urstromtal.

In Sosny (Charlottenhof) findet man ein Ensemble von zwei Schlössern vor. Sehenswerte Dorfkirchen können in Kamień Wielkie (Groß Cammin), Mościce (Blumberg), Mosina (Massin) mit Gedenkstein, Dzieduszyce (Alt Diedersdorf), Tarnow (Tornow), Lubiszyn (Ludwigsruh), Brzezno (Nesselgrund), Wysoka (Hohenwalde) und Lubno (Liebenow) aufgesucht werden. In Kamień Wielkie (Groß Cammin) steht auch ein altes Herrenhaus, das heute als Sanatorium genutzt wird.

Die Entfernung vom Grenzübergang Küstrin-Kietz beträgt etwa 22 Kilometer.

Ein Bushaltepunkt befindet sich in der Moniuszki-Straße.

Der Ort liegt an der Bahnstrecke Berlin-Küstrin (Kostrzyn)–Gorzow Wlkp. (Landsberg).

Postleitzahl: 66-460;
Vorwahl: 095.

Hotel ›Lord‹, Straße KRN 5, Tel./Fax: 751 41 04 und 751 51 55.
Urlauberkomplex mit Hotel ›Lesne Ustronie‹. Restaurant, Camping und Badeanstalt, Straße Myśliwska 12, Tel./Fax 751 66 16 und 751 51 04.
Restaurant ›PIWOSZ‹, Straße Konopnickiej 1, Tel. 751 51 14.
Restaurant ›Patio‹.
Café ›Wrzos‹.
Weitere kleine Einkehrmöglichkeiten.

Campingplatz am See Wielkie.
In Sosny (Charlottenhof):
Campingplatz mit Bungalows sowie Freibad, Tel. 751 52 80.

Heimatstube, Kulturzentrum mit Museum, Straße W. Sikorskiego 6.
Waffenmuseum, Straße Sikorskiego 35 (Herr Chmielewski), Tel. 751 53 14.
Brauerei-Besichtigung, Straße Konopnickiej 1, Tel. 751 51 14, Fax 751 55 32.
Freilichtmuseum ›Park der Wegweiser und der Meilensteine der Zivilisation‹ zur Regionalgeschichte einschließlich Kultur, Technik und Wirtschaft.
In Bogdaniec (Düringshof):
Museum im alten Mühlengehöft von 1826, Straße Lesna 22, Tel. 751 00 07, geöffnet täglich 9 bis 16 Uhr.
In Świerkocin (Fichtwerder), Postleitzahl 66-451:
Safari-Park mit exotischen Tierarten einschließlich Streichelzoo und Vergnügungspark, Grundstück Sören Rasmussen, Tel. 751 19 29.

Badestelle am See von Sosny (Charlottenhof).

Tankstellen in der Myśliwska-Straße, in Białcz (Balz) mit Gaststätte, in Kamien Mały (Stolberg).

Aktivitäten in der Neumark

Am Großen oder Düpsee (Dubie) bei Drawno (Neuwedell)

Bootsfahrten auf der Drawa (Drage), Warta (Warthe) und auf anderen Gewässern

Mehr als zwei Prozent der Fläche der ehemaligen Neumark nehmen Gewässer ein. Darunter befinden sich zahlreiche große Seen, Seenketten und Flüsse. Sie sind in einigen Fällen für routinierte Wasserwanderer, in anderen für beschauliche Bootsfahrten geeignet. Das Angebot für Wasserwanderer ist recht gut, vielerorts kann man Bootsausleihen in Anspruch nehmen.

Eine Wildwasserfahrt auf der Drawa (Drage) ab Drawno (Neuwedell)

Die 186 Kilometer lange Drawa ist bereits weiter flußaufwärts für Sportboote befahrbar und fließt im ersten Abschnitt in weiten Windungen durch viele Seen. Der letzte ist der See Dubie oder Adamowo (Großer oder Düp-See) am Stadtrand von Drawno (Neuwedell).

Hier kann am Campingplatz die Fahrt beginnen. Man sollte aber daran denken, daß es entlang der Route keine Möglichkeit zum Einkehren gibt, und sich selbst mit Proviant versorgen. Die Zeltplätze, die in der Beschreibung erwähnt werden, sind lediglich Rastplätze mit Zelterlaubnis, ohne besondere sanitäre Einrichtungen. Da das Flußtal von jetzt ab etwa dreißig Kilometer lang als Nationalpark mit zahlreichen Naturschutzgebieten ausgewiesen ist, muß man sich in der Straße Lesnikow 2 bei der Verwaltung des Schutzgebietes eine Genehmigung für die Durchfahrt einholen. Im Reservat leben unter anderem Biber und Fischotter, Lachsforellen, Seeadler und Reiher. Außerdem bestehen großflächige Wälder mit 450jährigen Eichen und 300jährigen Buchen. Ungewöhnlich für das sonstige Landschaftsbild ist das nun beginnende enge Flußtal mit seinen vielen Kurven und teilweise steilen Uferrändern. Zuerst liegen linkerhand noch Felder und Wiesen, später ist man ringsum von Wald umgeben. Bei reißendem Wasser muß ständig auf Hindernisse geachtet werden.

Nach etwa sechs Kilometern kommt man am Dorf Barnimie (Fürstenau) vorbei. Hier ist die Sägewerksruine zu beachten. Hinter dem Dorf folgen Naturschutzgebiete mit alten Eichen und einer Weißbuchenschlucht sowie ein Campingplatz, der über eine Treppe zu erreichen ist.

Der Fluß verändert dann die Richtung und führt in großem Bogen um das Dorf Zatom (Zatten) herum. Von der Straßenbrücke ist es nach links nicht weit zu dem gut erhaltenen, großen Schloß bei Niemieńsko (Nemischhof). An der Einmündung der Koritnica (Körtnitz) befindet sich wieder eine Möglichkeit zum Zelten. Nun ist der Fluß streckenweise breiter und seichter sowie von Wiesen umrahmt. Etwa sechs Kilometer weiter führt rechts eine Treppe an das Hochufer hinauf. Ein mit roten Zeichen markierter Weg weist von hier zu einem einzigartigen hochwüchsigen Buchen- und Eichenbestand ›Swieta Hala‹ (Heilige Hallen). Der 15-minütige Spaziergang lohnt sich auf jeden Fall. Nur etwa 100 Meter flußabwärts von der Treppe liegt am rechten Ufer ein riesiger Stein, ein Findling von 14 Meter Umfang und 3 Meter Höhe. Einen Kilometer danach besteht wieder eine Zeltmöglichkeit. Von hier führt der Weg am linken Ufer bergan zur kleinen Siedlung Sitnica (Mariental). Im Umfeld des etwas weiter auf dem rechten hohen Ufer gelegenen Dorfes Moszele (Marzelle) wird der Wald durch landwirtschaftlich genutztes Gelände unterbrochen.

Rund drei Kilometer flußabwärts findet man den nächsten Zeltplatz vor. Als imposantes technisches Denkmal präsentiert sich dann das Wasserkraftwerk bei Głusko (Steinbusch) aus dem 19. Jahrhundert. Hier muß das Boot auf dem rechten Ufer etwa 100 Meter getragen werden. Etwas weiter kann man das Zelt aufschlagen.

Hinter dem Kraftwerk beginnt der schiffbare Teil der Drawa, und ihr Tal wird breiter. Bald sieht man rechts eine kleine Siedlung im Wald. Es ist die Försterei des Nationalparkes.

Von links mündet das Flüßchen Płociczna (Plötzenfließ) in die Drawa. Ein Teil ihres Laufes mit mehreren

Seen gehört zum Nationalpark, der nun verlassen wird. Am Zusammenfluß der beiden Gewässer wurde ein Laichplatz für Äschen, Forellen, Lachse und Lachsforellen eingerichtet.
Zwei Kilometer weiter überquert bei Stare Osieczno (Hochzeit) die Straße von Dobiegniew (Woldenberg) nach Człopa (Schloppe) den Fluß. In dem einst wichtigen Paß- und Grenzort sollte man sich den achteckigen Zentralbau der Kirche ansehen. In der Nähe gibt es auch noch Bunker aus dem Zweiten Weltkrieg, Überreste der sogenannten Pommernstellung.
Der Fluß windet sich nun weiter durch urwüchsigen Wald an Forsthäusern vorbei. Vor dem Dorf Przeborowo (Friedrichsdorf) findet man in einem Kiefernwald nochmals einen Platz zum Zelten. Hinter dem Ort endet der sogenannte Drawa-Urwald. Der Flußlauf wird nun wesentlich ruhiger. Etwa drei Kilometer weiter liegt rechts das Dorf Drawiny (Dragebruch) mit einer Bahnstation (eineinhalb Kilometer vom Fluß).
Dann folgt noch eine gefährliche Stromschnelle mit Strudel unter der Eisenbahnbrücke bei Łokacz (Lukatz). An der Straßenbrücke im Ort kann die Wasserfahrt beendet werden. Von hier aus ist man nach links in knapp drei Kilometern am Bahnhof Krzyz (Kreuz). Etwa vier Kilometer hinter der Brücke mündet die Drawa dann in die Noteć (Netze).
Die Noteć ist ingesamt 389 Kilometer lang und hat in diesem Abschnitt eine Breite bis zu 40 Metern. Bis zur Mündung in die Warta (Warthe) sind es 50 Kilometer, die bei normalem Paddeln und Windstille in neun Stunden zurückgelegt werden können. Von der hier zum großen Teil eingedeichten und im Frühjahr überschwemmten Landschaft ist wegen der Dämme wenig zu sehen.
Es bestehen aber mehrere Möglichkeiten, am Ufer ein Zelt aufzuschlagen. Hinter der Stadt Drezdenko (Driesen) tritt auch an der rechten Seite das Höhenufer immer weiter zurück, und dann kommt man außer Trzebicz (Trebitsch) an keinem Dorf mehr vorbei. Dafür gibt es eine vielfältige Pflanzen- und Tierwelt.
Unter der Straßenbrücke in Santok (Zantoch) kurz vor dem Zusammenfluß der Noteć (Netze) und der Warta (Warthe) ist eine zweite günstige Stelle zum Beenden der Bootsfahrt. Hier kommt man mit jedem Fahrzeug direkt an den Fluß. Der Bahnhof ist einen Kilometer entfernt.

Bootsfahrt auf der Warta (Warthe)
Die 808 Kilometer lange Warta ist eine der wasserreichsten Zuflüsse der Oder. Die hier beschriebene Tour beginnt in Santok (Zantoch) und führt entlang der letzten 70 Kilometer des Flusses vor seiner Einmündung in die Oder. In Santok bieten sich unter der Straßenbrücke oder neben der Fähre gute Zugänge zum Wasser. Hier ist die Warta nach der Einmündung der Noteć (Netze) 80 bis 100 Meter breit und durchfließt eine wundervolle Landschaft mit weiten Niederungen

Warthebrücke bei Fichtwerder

links und Berghängen rechts. Viele Störche und andere Wasservögel sowie eine mannigfaltige Vegetation verleihen der Gegend zusätzliche Reize.
Im ersten Dorf nach Santok, Czechów (Zechow), bestehen zwischen den Buhnen Sandstrände und Plätze zum Zelten. Einige Kilometer weiter erlebt man das Panorama der Großstadt Gorzów Wlkp. (Landsberg) mit dem schloßartigen Kulturhaus und dem imposanten Speichermuseum, historischen Institutsgebäuden, der Kathedrale (Marienkirche) und dem langgestreckten Eisenbahnviadukt einschließlich buntem Basar. Zum Anlegen gibt es mehrere Möglichkeiten; wenn man sich hinter dem Bahnhof und dem Zentrum rechts hält, erreicht man einen natürlichen Strand. Danach beginnt zu beiden Seiten die typische Bruchlandschaft mit weiten Ebenen. Im 18. Jahrhundert erhielt diese Region mit Kanälen und Gräben, kleinen Siedlungen und Einzelgehöften, Baumgruppen und schmalen Straßen, fruchtbaren Feldern und Weideland durch Kultivierung und Kolonisierung ihre heutige Gestalt. Dämme schützen vor Überflutungen bei Hochwasser.
Streckenweise ist jetzt die Fahrt eintönig, da es wenig Abwechslung und nur eine träge Strömung gibt. Anhöhen sieht man nur in weiter Ferne. Bei Świerkocin (Fichtwerder) überspannt eine lange Brücke den Fluß und das Tal bis zum Damm. Man kann bequem zum Dorf an Land gehen. Fünf Kilometer weiter ist eine Fähre zu beachten. Dahinter trifft man lange auf keine Siedlungen mehr, nur in der Ferne kann man links den Kirchturm von Słońsk (Sonnenburg) erspähen und später rechts eine schloßartig gebaute Pumpstation. Linkerhand erstreckt sich vor Kostrzyn (Küstrin) das sumpfige und im

Frühjahr überflutete Gelände eines international bedeutsamen Vogelschutzgebietes. Im Stadtgebiet muß am rechten Ufer ein Platz zum Beendigen der Fahrt gefunden werden, am besten vor der Straßenbrücke. Dahinter ist die Ufermauer zu hoch. Bis zum Bahnhof ist es etwa einen Kilometer.
Wer auf der Oder weiterfahren will, muß die Grenzbehörden benachrichtigen. Kostrzyn bietet Unterkunftsmöglichkeiten und zahlreiche Sehenswürdigkeiten.

Bootsfahrten auf weiteren Gewässern

Folgende andere Fahrten können unternommen werden:
Von Długie (Dolgen) über die Seen Lipie (Liebsee), Słowa (Schlagesee), Osiek (Hermsdorfer See), Wielgie (Großer See) bei Dobiegniew (Woldenberg) auf der Mierzęcka Struga (Merenthiner Fließ) bis zur Drawa (Drage). Streckenweise ist Landtransport erforderlich.

Nördlich von Barlinek (Berlinchen) auf der Płonia (Plöne) bis Dabie (Alt Damm) bei Szczecin (Stettin).
Vom See Długie (Langer See) bei Swobnica (Wildenbruch) auf der Tywa (Thue) bis zur Oder.

Vom See Myśkiborskie (Soldiner See) zu Nebengewässern und auf der rund 100 Kilometer langen Myśla (Mietzel) in Richtung Oder. Im Fluß sind zahlreiche Hindernisse zu beachten. Die Beendigung ist an der Straßenbrücke in Namyślin (Neumühl) günstig. Andernfalls ist eine Genehmigung für die Fahrt auf der Oder erforderlich.

Bootsausleihe in folgenden Orten

Barlinek (Berlinchen), Choszczno (Arnswalde), Lipiany (Lippehne), Moryń (Mohrin), Myślibórz (Soldin), Drawno (Neuwedell).

Idylle am Soldiner See

Vorschläge für Radtouren

Radfahren ist sicherlich die beste Möglichkeit, die Neumark zu erkunden; Radsport-Idol Täve Schur macht es vor

Die Landschaft zwischen Oder und Drawa (Drage) bietet für Fahrradtouristen ideale Bedingungen. Ausführliche Beschreibungen von Radwanderungen in dieser Region findet man in der Trescher-Reihe Reisen unter dem Titel ›Wandern und Radfahren in der Neumark (1999). Nachstehend werden nur in kurzer Form Vorschläge für unterschiedlich lange Strecken zusammengefaßt. Die günstigste Anreisemöglichkeit mit dem Zug besteht ab Berlin nach Küstrin-Kietz.

Kurzfahrten von 20 bis 40 Kilometern:
Von Küstrin-Kietz über Namyślin (Neumühl), Sarbinowo (Zorndorf), Dąbroszyn (Tamsel) nach Küstrin-Kietz.

Von Küstrin-Kietz nach Słońsk (Sonnenburg), Gorzyca (Göritz) und zurück nach Küstrin-Kietz.

Von Hohenwutzen nach Siekierki (Zäckerick), Gozdowice (Güstebiese) und genauso zurück.

Von Hohenwutzen nach Dedynia (Zehden) und zurück.

Von Schwedt über Zaton Dolny (Nieder Saathen), Krajnik Gorny (Hohenkränig) nach Schwedt.

Von Schwedt nach Chojna (Königsberg/Neumark) und zurück über Krzymów (Hanseberg).

Von Schwedt über Ognica (Nipperwiese) nach Widuchowa (Fiddichow) und die gleiche Strecke zurück nach Schwedt.

Tagesfahrten von 50 bis 100 Kilometern:
Von Küstrin-Kietz über Witnica (Vietz) nach Gorzów (Landsberg/Warthe), Rückfahrt mit dem Zug.

Von Küstrin-Kietz über Dębno (Neudamm), Mieszkowice (Bärwalde), Moryń (Mohrin) und Cedynia (Zehden) nach Hohenwutzen.

Von Küstrin-Kietz über Myślibórz (Soldin), Trzcińsko Zdroj (Bad Schönfließ) und Chojna (Königsberg/Neumark) nach Schwedt.

Gut ausgebaute, verkehrsarme Nebenstrecken bieten Radlern hervorragende Bedingungen

Von Hohenwutzen über Gozdowice (Güstebiese), Mieszkowice (Bärwalde), Moryń (Mohrin) und Cedynia (Zehden) nach Hohenwutzen.

Von Hohenwutzen über Cedynia (Zehden) und Bielinek (Bellinchen) nach Schwedt.

Von Schwedt über Chojna (Königsberg/Neumark), Rów (Rufen) nach Myślibórz (Soldin) und über Swobnica (Wildenbruch) zurück nach Schwedt.

Von Schwedt nach Widuchowa (Fiddichow), Swobnica (Wildenbruch) und Chojna (Königsberg/Neumark) nach Schwedt.

Wochenendfahrten von 120 bis 200 Kilometern:
Von Küstrin-Kietz über Gorzów (Landsberg/Warthe), Strzelce Krajeńskie (Friedeberg) – Übernachtung – Barlinek (Berlinchen), Myślibórz (Soldin), Chojna (Königsberg/Neumark) nach Schwedt.
Bei drei Tagen:
ein Ausflug nach Drezdenko (Driesen) und Dobiegniew (Woldenberg).

Von Küstrin-Kietz über Dębno (Neudamm), Lipiany (Lippehne), Barlinek (Berlinchen) – Übernachtung – Przelewice (Prillwitz), Swobnica (Wildenbruch), Chojna (Königsberg/Neumark), Cedynia (Zehden) nach Hohenwutzen.
Bei drei Tagen:
ein Ausflug nach Choszczno (Arnswalde) und Drawno (Neuwedell).

Von Hohenwutzen über Moryń (Mohrin), Warnice (Warnitz), Myślibórz (Soldin), Lipiany (Lippehne) – Übernachtung – Rów (Rufen), Chojna (Königsberg/Neumark) nach Schwedt.
Bei drei Tagen:
ein Ausflug nach Barlinek (Berlinchen) und Przelewice (Prillwitz).

Zum Kennenlernen der östlichsten Region mit dem Nationalpark an der Drawa (Drage) sollte man sich eine mehrtägige Fahrt vornehmen.

Urlaub auf dem Land

Kuhherde bei Moryń (Mohrin)

Wer auf einem Bauernhof, in einem Forsthaus oder an einem abgelegenen Gewässer Urlaub machen möchte, dem bieten sich dazu in der früheren Neumark gute Gelegenheiten.

Entsprechende Privatquartiere werden über das Zentralbüro Agrotouristikinformation, Straße Podzamcze 2, 66-300 Miedzyrzecz, Tel. 095/741 24 47, Fax 741 18 58 vermittelt.

Auskünfte über Unterkünfte in ganz Polen gibt: Polska Federacja Turystiki Wiejskiej Gospodarstwa Goscinne (Polnische Föderation für Tourismus auf dem Land), ul. Wspolna 30, p. 544, 00-930 Warszawa, Tel. 06 02/45 91 37.

Man kann sich auch direkt bei den Vermietern anmelden oder einfach aufs Geratewohl anreisen. Die Preise sind niedrig. Zumeist wird Frühstück geboten, oft auch bei Wunsch Vollverpflegung. Familien mit Kindern sind in der Regel sehr gern gesehene Gäste. Über sichere Abstellmöglichkeiten von Fahrzeugen sollte man sich vorher erkundigen.

Einige ökologisch wirtschaftende Landwirtschaftsbetriebe bieten ebenfalls Unterkünfte an. Informationen darüber gibt es bei der internationalen Organisation ECEAT (European Centre for Eco Agro Tourism); in Polen erreichbar über: Jadwiga Lopata, 34-156 Stryszow 156, Tel. 033/87 97 14, oder www.eceat.org und www.eceat-poland.w.pl.

Die Broschüre ›Grüne Ferien in Polen‹, die Bio-Höfe nachweist, kann in Deutschland bezogen werden von:
balttgrün buchversand, Postfach 110 645, 19006 Schwerin, Tel. 0385/56 29 18. Informationen auch unter www.biohoefe.de.

Nachstehend eine Auswahl von Privatquatieren

Familie Jeremicz, Wilcze 2, Chojna,
Tel. 091/416 34 60.
Grazyna Mazur, Jedlice 10, Lipiany,
Tel. 091/564 54 66.
Familie Kaweccy, Dominokowo, Drawno,
Tel. 095/768 28 80.
Klaudiusz Mockallo, Haus Nr. 2, Pszczelnik (Kuhdamm). Der Ort liegt an der Straße von Kostrzyn (Küstrin) vor Myślibórz (Soldin). In der Nähe gibt es viel Wald und Beeren.
Tel. 095/747 50 43.
Bauernhof Familie Stezalski, Bukowo (Buchenau),
Tel. 095/765 26 14, Anreise über Dobiegniew (Woldenberge) oder Choszczno Arnswalde).
Ferienwohnungen Violetta Albes, 73-220 Zatom (Zatten).
Zimmervermietung Lech Domagala, 73-220 Zatom (Zatten),
Tel. 095/768 21 54,
beide Anreise über Drawno (Neuwedell) oder Dobiegniew (Woldenberg).
Irena Jankowiak, 66-470 Szumilowo (Alt-Schaumburg), Straße Kostrzynska 35,
Tel 060/119 81 01, bei Kostrzyn (Küstrin).
Jan Ladowski, 66-470 Drzewice (Drewitz), Straße Srodkowa 1,
Tel. 095/752 07 50; bei Kostrzyn (Küstrin).
Henryk Wilczynski, Szumilowo (Alt-Schaumburg),
Kontakt über Siedlung Slowianskie 17/9 in Kostrzyn (Küstrin),
Tel. 095/752 00 78.
Piotr und Marek Zwolinski, Straße Boh. Stalingradu 41, 66-470 Dabroszyn (Tamsel), Tel. /Fax: 095/752 38 52, bei Kostrzyn (Küstrin).

Reisetips von A bis Z

Angeln

Dort wo in Polen die Flüsse und Seen noch sauber sind, bergen sie großen Fischreichtum. Hinweise zu den Angelmöglichkeiten erteilen die örtlichen Touristenbüros, wo man auch Angelgenehmigungen erhalten kann. Wer seiner Ausrüstung in Polen noch etwas hinzufügen möchte, kann sich in einem der vielen polnischen Anglergeschäften zu konkurrenzlos niedrigen Preisen eindecken.

Apotheken

Die privatisierten Apotheken werden selbstverständlich nach marktwirtschaftlichen Gesichtspunkten geführt, und so erinnert das Sortiment bisweilen eher an eine Drogerie oder einen Kosmetiksalon. Immer noch ist aber ein breites Angebot an Bagatell-Arzneimitteln vorrätig, die zu subventionierten Preisen angeboten werden. Leider sind die meisten Spezialarzneimittel nicht im Lager und müssen zeitaufwendig bestellt werden. Wer also auf ein bestimmtes Medikament angewiesen ist, nehme dieses daher unbedingt mit auf die Reise.

Auto- und Motorradfahren

Der Verkehr ist in Polen in den vergangenen Jahren stark angestiegen, aber auf den Nebenstrecken in der Neumark ist er immer noch gering. Die Straßenverhältnisse sind im wesentlichen gut, doch fehlen überwiegend Straßenrandbegrenzungen, was besonders das Fahren bei Nacht erschwert. Auch Fußgänger, die häufig sogar außerhalb der Ortschaft auf der Fahrbahn unterwegs sind, machen eine erhöhte Aufmerksamkeit notwendig. Innerhalb wie außerhalb der Ortschaften besteht Gurtpflicht. Die Verkehrsregeln entsprechen den deutschen, jedoch gilt bei dem in Polen häufigen Kreisverkehr die Regel, daß das im Kreisverkehr befindliche Fahrzeug immer Vorfahrt hat. Im Winter gilt Beleuchtungspflicht auch am Tage, von Oktober bis April muß auch am Tage mit Abblendlicht gefahren werden. Die Geschwindigkeitsbegrenzung beträgt in geschlossenen Ortschaften 60 km/h, außerhalb 90 km/h und auf als solchen ausgewiesenen Schnellstraßen 110 km/h. Die Promillegrenze liegt bei 0,2. Für das Fahren mit dem Motorrad gelten dieselben Hinweise wie für das Autofahren. Allerdings gilt auch auf Schnellstraßen und Autobahnen die Geschwindigkeitsbegrenzung von 90 km/h. Es besteht Helmpflicht.

Für Ausländer ist die Grüne Versicherungskarte erforderlich. Wer nicht nachweisen kann, daß sein Fahrzeug versichert ist, riskiert unter Umständen ein Bußgeld von mehreren hundert Euro! Daher sollten diejenigen, die einen solchen Nachweis zu Hause vergessen haben, an der Grenzstation eine Zusatzversicherung abschließen. Es ist empfehlenswert, sein Fahrzeug nachts auf bewachten Parkplätzen abzustellen, die in der Nähe der größeren Hotels zahlreich eingerichtet wurden.

Baden

Das Gebiet der ehemaligen Neumark ist mit seinen vielen sauberen Seen ein Eldorado für ›Wasserratten‹. Idyllisch gelegene Badestellen und klares Wasser laden überall zum Baden ein. Nacktbaden ist in dem vom Katholizismus geprägten Land nicht üblich.

Bahn

Die Bahnfahrten von Deutschland nach Polen sind verhältnismäßig preisgünstig. Zudem erhalten Inhaber eines Studentenausweises Ermäßigungen, selbstverständlich gilt der Interrailpaß für Reisende unter 26 Jahren auch in Polen. Trotz einer Vervielfachung der Preise in den vergangenden Jahren sind die Fahrkarten des innerpolnischen Verkehrs immer noch relativ billig. Im Zugverkehr werden normalerweise Fahrräder transportiert. Man sollte sich aber rechtzeitig vor der Abreise erkundigen. Fahrplanauskünfte kann man unter folgender Adresse einholen:
Polnische Staatsbahnen-Vertretung, Panoramastr. 1, 10178 Berlin, Tel./Fax: 030/242 34 53.

Behörden

Die Öffnungszeiten der Behörden sind unterschiedlich, meist sind die Büros jedoch nur vormittags geöffnet. Amtliche Gebäude sind an dem Wappenschild mit dem polnischen Adler zu erkennen.

Busse

Fast alle Buslinien beginnen an den Bahnhöfen. Dort erhält man Auskünfte und meistens Fahrkarten. Obwohl die Preise explodiert sind, ist eine Busfahrt noch vergleichsweise billig. Linienbusse nehmen in Ausnahmefällen Räder mit, sofern die Busse nicht überfüllt sind und noch genügend Platz ist.

Camping

Schon in den fünfziger Jahren wurden überall zumeist an malerischen Seeufern sogenannte Biwakplätze angelegt, auf denen der Naturfreund sein Zelt aufschlagen kann. Diese preiswerte Art der Erholung hat nicht nur die Jahre überdauert, sondern ist auch noch heute sehr gefragt. Die unbewachten Biwakplätze sind aber nicht mit dem Komfort ausgestattet, den der Camper von zu Hause gewohnt ist. Das ›wilde‹ Campen ist offiziell verboten, meist wird aber ein Auge zugedrückt. Bevor der Besucher auf Privatgelände sein Zelt aufschlägt, sollte er jedoch auf alle Fälle den Besitzer um Duldung bitten.

Diplomatische Vertretungen

Die Botschaft der Bundesrepublik Deutschland ist in 03-932 Warszawa unter der Adresse ul. Dąbrowiecka 30,

Tel. 022/617 30 11, Fax 617 35 82 zu erreichen.
Generalkonsulat der BRD, ul.Podwale 76, 50-449 Wroclaw (Breslau), Tel. 0048/71/44 20 06, 44 26 04, 44 78 21.

Einkaufen

Das Einkaufen bereitet keine größeren Probleme, man hat ein gutes Angebot sowohl einheimischer als auch importierter Waren. Die Geschäfte sind zu günstigen Zeiten geöffnet. Die Selbstbedienungsläden öffnen meist um 8 Uhr, viele von ihnen schließen erst um 20 Uhr. Ein Ladenschlußgesetz gibt es nicht. Jeder Geschäftsführer kann selbst darüber bestimmen, wie lange er seine Ladentür geöffnet hält. Neben den Läden haben sich viele findige Straßenhändler eingerichtet, bei denen man manches frischer und billiger kaufen kann. Da die Neumark eine stark ausgeprägte Landwirtschaft hat, bietet es sich an, bei den Bauern direkt frische Produkte einzukaufen. Größere Orte verfügen über eine gepflegte Gastronomie, und in den Ferienzentren gibt es zusätzliche Imbißstände.
Am wenigsten Probleme mit der Verpflegung wird der aufgeschlossene Tourist haben, der die polnische Nationalspeise Bigos zu seinem Leibgericht erklärt: Selbst in der kleinsten Kneipe steht immer ein Kessel dieses Eintopfgerichtes auf dem Feuer.
Das polnische Nationalgetränk Wodka wird auch heute noch in einigen wenigen kleinen Betrieben hergestellt; die qualmenden Schlote der Brennereien – meist befinden sie sich auf dem Gelände alter Gutshöfe – zeugen von der ungebrochenen Vorliebe nicht nur der Polen für das ›Lebenswasser‹. Die meisten Brennereien kann man auf Anfrage besichtigen, doch wer meint, dort einen Schluck probieren zu können, wird enttäuscht: Seit einigen Jahren verfügen alle Brennereien über eine verschlossene und staatlich versiegelte Anlage.

Einreisebestimmungen

Für einen Aufenthalt bis zu drei Monaten ist ein mindestens noch sechs Monate gültiger Reisepaß erforderlich, der Personalausweis genügt nicht. Haustiere können mit auf die Reise, wenn man beim Zoll eine Bescheinigung des Tierarztes über die Gesundheit des Tieres vorlegt.

Elektrizität

Die Netzspannung beträgt 220 Volt. Die Steckdosen entsprechen der Euro-Norm.

Feiertage

Die gesetzlichen Feiertage sind vom katholischen Glauben bestimmt. Neben dem traditionellen 3. Mai (Tag der Verfassungsgebung von 1791) sind dies der Neujahrstag, der Ostermontag, der 1. Mai, der Fronleichnamstag, Maria Himmelfahrt (15. August), Allerheiligen (1. November) sowie die beiden Weihnachtsfeiertage.

Karfreitag und Pfingstmontag gelten hingegen nicht als gesetzliche Feiertage. Der 22. Juli, der ›Tag der Wiedergeburt‹, wurde als Nationalfeiertag abgeschafft, der 11. November, der an die Wiedererstehung des polnischen Staates 1918 erinnert, dafür eingeführt.

Fotografieren, Filmen

Film- und Fotomaterial ist zu auch in Deutschland üblichen Preisen erhältlich, und Schnellentwicklungslabors, die innerhalb einer Stunde Abzüge liefern, schießen in den Ferienzentren mittlerweile wie Pilze aus dem Boden. Auch Videokassetten für Camcorder kann man in den größeren Geschäften und an den Kiosken internationaler Hotels bekommen. Dennoch empfielt es sich, die Kassetten mitzubringen, da Camcorder in Polen noch nicht sehr verbreitet sind.

Geld

Der Złoty gilt inzwischen als ›harte‹ Währung. Er orientiert sich am US-Dollar. Das bedeutet für den deutschen Touristen einen günstigen Tausch bei einem niedrigen Dollarkurs. Ende 2002 bekam man knapp vier Złoty für einen Euro. Der Wechselkurs schwankt täglich, ein Schwarzer Markt existiert dank der Freigabe des Devisenhandels und der geringen Differenz zwischen offiziellem An- und Verkaufspreis nicht mehr. Einige Schwarzhändler haben sich jedoch umgestellt: Wenn Touristen auf der Straße ein besonders günstiger Wechselkurs angeboten wird, handelt es sich fast immer um Betrugsgeschäfte.

Der offizielle Umtausch bereitet keine Probleme. Neben Banken haben sich zahlreiche private Wechselstuben (›Kantor‹) auf das Geschäft eingestellt. Die Banken bieten den Vorteil, daß man bei ihnen auch mit Eurocheques polnisches Geld bekommen kann (ausgestellt bis zum Höchstbetrag von 600 Złoty). An den Hotelrezeptionen ist der Kurs in der Regel geringfügig schlechter. Der günstigste Umtausch ergibt sich beim Wechseln von Euro-Noten in Polen selbst.

Kreditkarten sind noch nicht sehr verbreitet, sie werden nur von den großen Hotels, Fluggesellschaften und Autoverleihern angenommen.

Grenzübergänge

Die visafreie Einreise ist mit einem Reisepass über alle deutsch-polnischen Grenzübergänge problemlos möglich. Die Grenzübergänge, über die man am besten in die Neumark kommt, sind von Norden nach Süden: Schwedt–Krajnik Dolny (Niederkränig) Hohenwutzen–Osinów Dolny (Niederwutzen) Kietz–Kostrzyn/Küstrin Frankfurt/Oder (Stadt)–Słubice (Frankfurt-Dammvorstadt) Frankfurt/Oder (Autobahn)–Swiecko (Schwetig)

Informationsmaterial

Wird von den Wojewodschaftsämtern und den Stadtverwaltungen herausgegeben. Man kann sich auch vorab

beim Polnischen Fremdenverkehrsamt kundig machen:
Kurfürstendamm 71, 10709 Berlin,
Tel. 030/210 09 20,
Fax 030/21 00 92 14.

Jugendherbergen

Mit einem internationalen Jugendherbergsausweis erhält der Gast 25 Prozent Ermäßigung. Die sehr unterschiedlichen Übernachtungsgebühren richten sich nach dem gebotenen Komfort. Obwohl die Herbergen im Prinzip allen Altersgruppen offenstehen, werden bei der Aufnahme Frauen und Männer bis zu 26 Jahren bevorzugt behandelt. Der Aufenthalt ist offiziell auf drei Tage begrenzt. Gruppen ab sechs Personen müssen sich mindestens vier Wochen vorher anmelden. Weitere Informationen erhält man bei der folgenden Institution:
Polnische Gesellschaft für das Jugendherbergswesen, Polskie Towarzystwo Schronisk Mlodziezowych (PTSM),
ul. Chocimska 28, 00-791 Warszawa,
Tel./Fax.: 022-849 81 28,
Fax 849 83 54,
www.hosteling.com.pl,
hostelingpol.ptsm@pro.onet.pl.

Karten

Für Reisen und Fahrradtouren in der Neumark sind die zweisprachigen Karten aus dem Höfer-Verlag ›Westpommern‹ und ›Ostbrandenburg/Niederschlesien‹ im Maßstab 1:200 000 zu empfehlen, aus denen auch die Kartenausschnitte in diesem Buch übernommen wurden.
Ebenfalls gut geeignet zur Orientierung östlich der Oder sind die topographischen Karten im Maßstab 1:200 000 der polnischen Firma ›WZkart‹, die auch in Deutschland erhältlich sind. Die Ausgaben Myślibórz (Nr. 17) und Gorzów Wielkopolski (Nr. 18) decken das gesamte in diesem Buch beschriebene Gebiet ab. Hilfreich können auch die von der Euro-Region herausgegebene Karte ›Reisen beiderseits von Oder und Warthe› 1:150 000 sowie die polnischen topographischen Karten sein. Sie sind in den Maßstäben 1:200 000, 1:100 000 und 1:50 000 erhältlich. Bei der Suche nach den früheren deutschen Orts- und Flurnamen sind die alten deutschen Meßtischblätter im Maßstab 1:25 000 sowie die alten Kreiskarten im Maßstab 1:100 000 nützlich, die man im geographischen Fachbuchhandel oder bei den Landesvermessungsämtern erhält.
In Buchhandlungen, an Kiosken und in Touristeninformationen erhält man vor Ort meist für wenig Geld gutes Kartenmaterial. Viele Karten enthalten auch deutschsprachige Hinweise.

Kriminalität

Diebstähle kommen nicht so oft vor wie häufig befürchtet. Wo man zu Gast ist, kann man sich geschützt fühlen. Gewaltkriminalität tritt in den ländlichen Gebieten kaum in Erscheinung.

Medizinische Versorgung

Zwischen Polen und der Bundesrepublik ist immer noch kein Krankenversicherungsabkommen abgeschlossen worden. Alle Arzt- und Krankenhausrechnungen müssen in Polen sofort und bar bezahlt werden. Deutsche Krankenkassen ersetzen diese Auslagen nicht! Der Abschluß einer privaten Reisekrankenversicherung ist dringend anzuraten.

Museen und Kirchen

Geschichtsbewußtsein und Heimatliebe ließen die Polen in vielen Orten ein kleines heimatgeschichtliches Museum einrichten. Die Haushaltslage vieler Kommunen hat leider dazu geführt, daß viele Museen ihre Öffnungszeiten einschränken mußten. Museen und Gedenkstätten haben gewöhnlich täglich außer montags geöffnet, oft wird bereits um 16 Uhr geschlossen.
Die meisten Kirchen sind außer zu den Gottesdiensten, die in der Regel sonntags den ganzen Tag über und wochentags abends abgehalten werden, geschlossen. Auf Wunsch wird aber gern durch den Pfarrer oder dessen Beauftragten geöffnet.

Notruf

Die Notrufnummern 997 für die Polizei, 998 für die Feuerwehr und 999 für den Rettungsdienst sind landesweit einheitlich. Deutschsprachige ›Hotline‹ 8 bis 24 Uhr kostenlos unter 0800/20 03 00 oder Handy mit Gebühr unter 0048/22/601 55 55.

Öffnungszeiten

Die Öffnungszeiten der Läden, der Behörden und der Museen schwanken sehr und ändern sich ständig.
Generell kann gesagt werden: Je größer der Ort und je gewinnorientierter die Einrichtung, desto günstiger die Öffnungszeiten. So gibt es in jeder größeren Stadt einen Lebensmittelladen, der rund um die Uhr geöffnet hat. Auch private Wechselstuben haben teilweise bis spät in die Nacht geöffnet, während Banken ihre Wechselschalter oft nur von 10 bis 13 Uhr offen halten.
Noch heute schließen viele Restaurants lange vor Mitternacht. Sogar die Restaurants einiger internationaler Hotels setzen ihre Gäste zeitig vor die Tür. Manche der neueröffneten Privatrestaurants haben sich jedoch auf den Hunger später Gäste eingestellt und sind sehr viel länger geöffnet.
Viele Museen schließen außerhalb der Saison bei Einbruch der Dunkelheit. Einige Museen sind sogar den ganzen Winter über geschlossen. Man sollte versuchen, sich vorher bei einem ›it‹, dem touristischen Informationspunkt, über die Öffnungszeiten zu erkundigen.

Pannenhilfe

Bei einer Panne steht auch dem ausländischen Fahrer der Pannenhilfsdienst des Polnischen Motorverbandes, dem ›PZM‹, zur Verfügung. In fast allen Ortsnetzen ist er unter der Telefon-Nummer 981 zu erreichen. Im Rahmen der internationalen

Pannenhilfe steht ausländischen Touristen kostenlose Hilfe vom PZM-Pannendienst im Umkreis von 25 Kilometern der jeweiligen Zweigstelle zu. Auch ein Abschleppdienst, zwei Arbeitsstunden für Reparaturen und eine Rechtsberatung für den Fall einer Rückführung des Fahrzeuges sind in den Leistungen enthalten.
Das PZMot-Büro für Kraftfahrzeugtouristik, ›Autotour‹, befindet sich in 00-697 Warszawa/Warschau, ul. Jerozolimskie 63, Tel.: 022-21 07 89 und 628 62 55, Fax: 628 62 54.

Polizei

Die Polizei ging im Jahr 1990 aus der von Warszawa/Warschau zentral befehligten Miliz hervor. Heute untersteht sie den einzelnen Bezirken. Landeseinheitlich ist sie unter der Telefonnummer 997 zu erreichen. Bei Diebstählen sollte man die örtlichen Polizeiwachen aufsuchen und sich ein Aufnahmeprotokoll der Anzeige ausstellen lassen.

Post- und Fernmeldewesen

Das polnische Post- und Fernmeldewesen ist teilweise immer noch in einem desolaten Zustand. Briefe und Karten von Polen nach Deutschland benötigen bis zu zehn Tage. Eine Telefonverbindung zwischen beiden Ländern scheitert oft an den wenigen – und daher ständig belegten – Fernleitungen.
Normalerweise sind die Briefkästen rot, die grünen Kästen dienen nur dem lokalen Briefverkehr, während die blauen für Luftpostsendungen bestimmt sind. Briefmarken werden in Postämtern, die in der Regel von 8 bis 20 Uhr geöffnet haben, aber auch in vielen ›it‹-Stellen, Kiosken und Hotels, die Postkarten vertreiben, verkauft. Die Porti für Briefe und Karten ins Ausland stiegen in den letzten Jahren inflationsbedingt häufig. Daher sollte man sich bei der Post oder Hotelrezeption nach den aktuellen Gebühren erkundigen.
Alle öffentlichen Telefonzellen sind entweder mit Kartentelefonen oder mit solchen Automaten ausgerüstet worden, die nur mit speziellen Telefonmünzen funktionieren. Diese Münzen (›Jetons‹) sind ebenso wie die Telefonkarten bei den Postämtern zum aktuellen Tagespreis erhältlich. Manche Telefonzellen sind ausschließlich für den Ortsverkehr eingerichtet. Bei Telefongesprächen von Polen ins Ausland muß man sich in ländlichen Gegenden bisweilen noch an das örtliche Fernamt wenden (Vorwahl nach Deutschland: 0049; nach der Schweiz: 0041; nach Österreich: 0043). Alle größeren Hotels verfügen über eine eigene Telefonzentrale. Oft sind diese außerdem mit Fernschreiber und Telefax ausgestattet. Der Hilfe einer solchen Telefonzentrale können sich auch Nicht-Hotelgäste bedienen. Auch bei Gesprächen nach Polen bestehen manchmal noch Schwierigkeiten, einen Anschluß zu erreichen (Vorwahl nach Polen: 0048).
Manche Kleinstädte und ländliche

Gegenden lassen sich noch nicht direkt anwählen.

Radfahren

Wegen der geringen Steigungen eignet sich das Gebiet östlich der Oder gut für Radtouren. Besonders die verkehrsarmen Nebenstrecken, die meist über einen soliden Asphaltbelag verfügen, sind für Radfahrer ideal. Hauptverkehrsstraßen sollte man auf jeden Fall meiden. Fahrradwege sind selten. Der in Polen übliche Führerschein für Radfahrer ist für Ausländer keine Pflicht.
Problematisch ist immer noch die Versorgung mit Ersatzteilen für westliche Fabrikate. Der Transport des Fahrrades in Bahnen, Überlandbussen wird sehr unterschiedlich gehandhabt und ist oft genug vom guten Willen des Personals und dem finanziellen Entgegenkommen des Radfahrers abhängig. Der Fahrradtourist wird zwar in der Regel überall freundlich aufgenommen, doch sollte er sich daran gewöhnen, als Exot betrachtet zu werden, denn das Fahrrad gilt nicht als ernstzunehmendes Verkehrsmittel. Für den Individualfahrradtouristen bietet sich ein Kontakt mit dem Allgemeinen Deutschen Fahrrad-Club (ADFC) an: Am Dobben 91, 28203 Bremen. Die Berliner Zweigstelle befindet sich in der Brunnenstr. 28, 10119 Berlin.

Reiten

Vor allem Pommern zeichnet sich durch eine lange Pferdezucht-Tradition aus. Auch heute noch zeugen viele Gestüte davon. Auch in der Neumark bieten Reiterhöfe ›Ferien im Sattel‹ an. Man kann dabei zwischen längeren Aufenthalten, bei denen man auch auf dem Gutsgelände wohnt, und eintägigen Reitausflügen wählen. Das Angebot ist sehr breit gefächert und noch unübersichtlich. Auf vielen Gestüten besteht zudem die Möglichkeit für Kinder, auf einer heute in Pommern gezüchteten kleinen Pferderasse, den Huzulen-Pferden, zu reiten. Einige Gestüte verfügen außerdem über Kutschen, so daß selbst dann, wenn nur ein Familienmitglied am Reitsport interessiert ist, ein Gestütaufenthalt der ganzen Familie Freude bereiten kann.

Restaurants

Auf kaum einem anderen Gebiet hat sich die Marktwirtschaft für den Touristen angenehmer ausgewirkt als auf dem der Gastronomie. Wenngleich das Land auch heute noch nicht zum Traumziel der Gourmets geworden ist, so wird doch niemand mehr mit knurrendem Magen ein Lokal verlassen müssen.
Internationalen Standard bieten die Restaurants der großen Hotels, bei denen die Speisekarten mehrsprachig abgefaßt sind. Aber auch manche der kleinen privaten Gaststätten lassen nichts mehr zu wünschen übrig.
In jüngster Zeit schießen besonders viele Restaurants mit ausländischen

Spezialitäten wie Pilze aus dem Boden:
Italienische, französische und asiatische, ja sogar syrische Gerichte stehen bei polnischen Restaurantbesuchern hoch im Kurs.
Die Preise in den von Touristen stark besuchten Lokalen nähern sich westlichem Niveau. In schlichteren Gaststätten kann man aber immer noch für wenig Geld ein schmackhaftes Gericht erhalten. Für den schnellen Hunger halten private Imbißbuden an bald jeder Ecke Kleinigkeiten bereit.
Viele Speisen werden sowohl an den Imbißbuden als auch in den Luxusrestaurants nach Gewicht verkauft.
In den Restaurants beinhalten die Preise auch Bedienungsgeld. Dennoch wird hier, wie in allen anderen Branchen auch, ein Trinkgeld, ›Napiwek‹, als Ausdruck einer besonderen Zufriedenheit mit der erbrachten Dienstleistung gerne genommen.

Schulferien

Die Sommerferien reichen jeweils vom vorletzten Freitag im Juni bis zum letzten Freitag im August. Weihnachtsferien sind vom 22. Dezember bis zum 2. Januar. Die Winterferien dauern zwei Wochen zwischen Ende Januar und Anfang Februar.
Die Osterferien beginnen am Gründonnerstag und enden am Dienstag nach Ostern.

Tankstellen

In jüngster Zeit erlebte das Land einen Tankstellenboom. Alle neueröffneten Stationen bieten auch bleifreien Kraftstoff an. Tankstellen und Zapfsäulen für bleifreies Benzin sind mit einem durchgestrichenen ›pb‹ gekennzeichnet. Bleifreies Benzin hat 91 Oktan, das verbleite Super gibt es mit 94 und 98 Oktan. Verbleites Normalbenzin hat lediglich 86 Oktan. Viele Tankstellen haben rund um die Uhr geöffnet. Die Benzinpreise, besonders für Diesel, sind niedriger als in Deutschland. Kein Wunder also, daß viele Autofahrer Polen als billige Tankstelle benutzen und sich vor der Ausreise noch einmal mit günstigem Kraftstoff eindecken wollen. Die Einfuhr nach Deutschland ist allerdings auf 10 Liter beschränkt.

Taxi

Obwohl für Polen kaum erschwinglich, sind Taxifahrten nach deutschen Maßstäben verhältnismäßig billig.
So mancher Taxifahrer ist behilflich, wenn es darum geht, eine private Unterkunft oder ein empfehlenswertes Restaurant zu finden. Sollte man an einen deutschsprechenden Fahrer geraten, so kann man mit ihm eine kleine Stadtrundfahrt unternehmen, deren Preis man vorher aushandelt.

Toiletten, öffentliche

Für den deutschen Besucher zeigen sich die Türen der öffentlichen

Bedürfnisanstalten Polens als Buch mit sieben Siegeln: Auf der einen Tür ist ein Kreis abgebildet, auf der anderen ein Dreieck. Niemand weiß, woher diese Symbole stammen.
Zur Orientierung: Der Kreis bedeutet ›Damen‹, das Dreieck ›Herren‹. Einfacher hat es der Tourist mit solchen Anlagen, die mit ›Damski‹ und ›Menski‹ gekennzeichnet sind. Doch egal, ob geometrische Figuren oder Beschriftung – alle öffentlichen Toiletten werden von einem Wärter geführt, der eine geringe Benutzungsgebühr erhebt. Dies gilt auch für die Toiletten in den Hotels und Gaststätten.
Sicherheitshalber sollte der der Örtlichkeit Unkundige beim Wärter schon vor der Benutzung nach dem nötigen Hygienepapier fragen.

Zollbestimmungen

Nach Polen dürfen Waren im Werte von höchstens 100 US-Dollar ohne irgendwelche Beschränkungen eingeführt werden, sofern ihre Menge nicht darauf schließen läßt, daß sie zu Handelszwecken bestimmt sind. Falls die Waren einen Wert von 100 US-Dollar übersteigen, werden sie mit einem Pauschalsatz von 10 Prozent des Warenwertes versteuert. Auch diese Regelung gilt nur für Privatpersonen und bis zu einem Wert von 300 US-Dollar. Die Einfuhr von Waffen und Munition sowie von Drogen und pornographischen Schriften ist verboten. Für Jagd- und Sportwaffen werden von der polnischen Vertretung in Deutschland Sondergenehmigungen ausgestellt.
Ein- und Ausfuhr der polnischen Währung sind weiterhin offiziell verboten. Für die Einfuhr polnischer Waren nach Deutschland gelten die EG-Bestimmungen. So dürfen Reisende über 18 Jahren 200 Zigaretten, einen Liter hochprozentigen Alkohol oder zwei Liter Wein mitnehmen. Außerdem sind pro Person 50 Milliliter Parfüm oder ein Viertelliter Eau de Toilette, 500 Gramm Kaffee sowie andere Waren, deren Gesamtwert 60 Euro offiziell nicht überschreiten darf, erlaubt. Autofahrer dürfen neben dem Kraftstoff, den sie ohnehin im Tank haben, nur zehn Liter zusätzlich im Reservekanister abgabenfrei nach Deutschland einführen.
Den Gebrauch von Autotelefonen und Funkgeräten muß man mindestens sechs Wochen vor der Einreise im nächsten polnischen Konsulat schriftlich beantragen.

Kleiner Sprachführer

Bei einem Besuch in der ehemaligen Neumark fällt auf, wie viele Menschen die deutsche Sprache beherrschen. Auf der anderen Seite werden die wenigsten Touristen polnisch sprechen. Dies ist sicher nicht nur auf die für die deutsche Zunge äußerst schwierige Aussprache und Betonung des Polnischen zurückzuführen, sondern liegt sicher auch an dem geringen Interesse, das dem Polnischen in Deutschland entgegengebracht wird. Hingegen ist Deutsch längst sowohl in den allgemeinbildenden Schulen und den Universitäten Polens als auch in der Erwachsenenbildung die mit Abstand beliebteste Fremdsprache.

Sicher wird bei einem Gespräch zwischen Deutschen und Polen der polnische Partner nicht erwarten, auf polnisch angesprochen zu werden. Dennoch sollte es ein Zeichen der Höflichkeit und des Interesses am Nachbarland sein, sich einige Worte und Floskeln der polnischen Sprache anzueignen.

Die polnische Sprache gehört zur slawischen Sprachfamilie. Die Vokale werden kurz gesprochen, dabei sind die Verbindungen ›au‹ und ›eu‹ wie zwei einzelne Vokale auszusprechen. Alle zwei oder mehrsilbigen Wörter betont man im Polnischen auf der vorletzten Silbe.

Allgemeines

Danke	dziękuję	[sprich: dschenkuje]
Bitte	proszę	[prosche]
Guten Tag	dzień dobry	[dschen dobri]
Auf Wiedersehen	do widzenia	[do widzenia]
Hallo/Tschüß	cześć	[tscheschtsch]
Ja/Nein	tak/nie	[tak/nie]
Nein Danke	nie dziękuję	
Verzeihung	przepraszam	[pschepraschamj]
Wieviel kostet ...?	ile kosztuje ...?	[ile koschtuje]
Herr Ober!	proszę pana	
Frau Ober!	proszę pani	
Ich möchte zahlen!	Chciał(a)bym zapłacić!	[Chziauabim sapuat-schitsch]
Prost	na ztrowie	[na sdrowje]

Zahlen

Null	zero	[sero]
Eins	jeden, jedna, jedno	[jeden]
Zwei	dwa	[dva]
Drei	trzy	[tschi]
Vier	cztery	[tschteri]
Fünf	pięć	[pientsch]
Sechs	sześć	[scheschtsch]
Sieben	siedem	[schedem]
Acht	osiem	[Oschem]
Neun	dziewięć	[dzjewentsch]
Zehn	dziesięć	[dzjeschentsch]
Tausend	tysiąc	[tischonts]

Unterwegs

See	jezioro	[jesioro]
Fluß	rzeka	[scheka]
Boot	łódź	[wutsj]
Fischerboot	łódź rybacka	[wutsj ribatska]
Segeln	żeglarstwo	[scheglarstwo]
Segelboot	żaglówka	[schaglufka]
Segelrouten	szlaki żeglugi	[schlaki scheglugi]
Wandern	wędrowanie	[wendrowanije]
Wanderkarte	mapa turystyczna	[mapa turistitschna]
Wanderweg	szlak turystyczny	[schlak turistitschni]

Naturschutzgebiete	rezerwaty przyrody	[reserwati pschirodi]
Angel	wędka	[wentka]
Angelschein	zezwolenie wędkarskie	[seswolene wentkarske]

Hinweise

ostrożnie/uwaga	Vorsicht/Achtung
Przejścia nie ma	Kein Durchgang
objazd	Umleitung
koniec	Ende
toalety/Ustępy	Toiletten
dla kobiet/mężczyzn	Damen/Herren
grożący śmiercią	Lebensgefahr
zamknięto	geschlossen
ciepło	warm
zimno	kalt
kantor	Wechselstube
zarezerwowano	reserviert
kawiarnia	Café
piekarnia	Bäckerei
sklep rzeźniczy	Fleischerei
sklep spożywczy	Lebensmittelgeschäft

Die Speisekarte

Ein typisch polnisches Mittagessen beginnt mit einer Suppe:

barszcz (z pasztecikiem)	Rote-Rüben-Suppe (mit Pastetchen)
żurek	Saure Roggenmehlsuppe
zupa pomidorowa	Tomatensuppe
flaki	Kuttelsuppe

Zu den populärsten Hauptgerichten gehören:

bigos	Eintopf aus Sauerkraut und Weißkohl mit Fleischeinlage
bryzol schabowy	Schweineschnitzel
befsztyk	Beefsteak
kiełbasa	Wurst (gegrillt oder gekocht)
kurczę	Hähnchen
pierogi	Piroggen (gefüllte Teigtäschchen)

polędwica	Filet
zając	Hase
ryba	Fisch
dorsz	Dorsch, Kabeljau
gładzica	Scholle
łosoś	Lachs
pstrąg	Forelle
śledż	Hering
dodatki	Beilagen
jarzyny	Gemüse
kluski	Nudeln, Klößchen
ryż	Reis
salatka	Salat
ziemniaki	Kartoffeln
napoje	Getränke
herbata	Tee
kawa	Kaffee
piwo	Bier
szampan	Sekt
wino	Wein
woda mineralna	Mineralwasser

Orientierung

Können Sie mir sagen wo … ist?	Czy może mi pan(i) powiedzieć gdzie …	[Tschi mosche mi pan(i) powjedsjetsch gdsje ...]
Postamt	poczta	[potschta]
Bahnhof	stacja	[stazja]
Apotheke	apteka	[apteka]
links/rechts	na lewo/na prawo	[na lewo/na prawo]
geradeaus	prosto	[prosto]
Wie spät ist es?	Która godzina?	[Ktura godsina]

Zeichenlegende

Anreise mit dem Auto

Anreise mit dem Bus

Anreise mit der Bahn

Taxi

Allgemeine Informationen

Essen, Trinken, Unterkünfte

Museen, Ausstellungen und weitere Sehenswürdigkeiten

Campingplätze

Reiten, Kremserfahrten

Segeln, Bootsverleih

Kulturelle Veranstaltungen, Feste

Freizeitzentren

Sportzentren

Flugsport, Rundflüge

Tankstelle

Literaturhinweise

Autorenkollektiv, Kreis Königsberg/Neumark - Erinnerungen an einen ostbrandenburgischen Landkreis. Berlin/Bonn: Westkreuz-Verlag 1996.

Bader, Karin (Hrsg.), Ostbrandenburg in 144 Bildern. Leer: Verlag Gerhard Rautenberg, 1984.

Barran, Fritz R., Städte-Atlas Ostbrandenburg. Leer: Verlag Gerhard Rautenberg, 1990.

Beske, Hans und Ernst Handke (Hrsg.), Wege zueinander - Landsberg (Warthe), Gorzów Wielkopolski. 2. Auflage. Berlin/Bonn: Westkreuz Verlag, 1994.

Biens, Paul, Heimatklänge - Sagen und Bilder aus der Geschichte der Neumark. Nachdruck. Fürstenwalde: Verlag Bock & Kübler, 1994.

Ders., Die Neumark im Herzen. Zu Landschaft, Natur, Geschichte und Brauchtum. Schöneiche Individuell 2002.

Bufe, Siegfried, Eisenbahnen in Ostbrandenburg und Posen. Egglham: Bufe Fachbuch-Verlag, 1988.

Csaller, Heinz, Bilder aus Ostbrandenburg. Über 370 Fotos vom Leben wie es damals war. Eggolsheim: Edition Dörfler im Nebel Verlag 2002.

Fontane, Theodor, Wanderungen durch die Mark Brandenburg. Zweiter Teil: Das Oderland. Erschienen in verschiedenen Verlagen.

Heinrich, Gerd (Hrsg.), Handbuch der historischen Stätten Deutschlands. Band 10: Berlin und Brandenburg. Stuttgart: Alfred Kröner Verlag, 1985.

Lüderitz, Jörg, Radtouren östlich der Oder. Berlin: Trescher Verlag, 1994.

Ders., Wiederentdeckte Neumark. Unterwegs in einer fast vergessenen Landschaft östlich der Oder. Fürstenwalde: Verlag Bock & Kübler, 1994.

Ders., Wandern und Radfahren in der Neumark. Berlin: Trescher Verlag, 1999.

Ders., Neumärkische Spaziergänge, Schöneiche: Bock & Kübler 2000.

Ders., Neumärkisches Panorama, Schöneiche: Bock & Kübler 2003.

Völker, Eberhard, Pommern und Ostbrandenburger, München: Langen Müller 2000.

Vollack, Manfred: Ostbrandenburg. Von der Neumark bis zur Niederlausitz, Würzburg: Flechzig-Buchvertrieb in der Stürtz Verlag GmbH 1999.

Weitere Publikationen werden von den Heimatkreisvereinen der ehemaligen Neumark herausgegeben.

Adressen

Im folgenden die Anschriften von Institutionen und Personen, die sich um die Tourismus-Förderung in der Neumark und um deutsch-polnische Kontakte in der Region bemühen. Die Heimatkreise geben Zeitungen und Bücher heraus, veranstalten Treffen und Reisen in die Neumark und pflegen vielfältige Kontakte zu polnischen Bewohnern und Behörden in der Neumark.

Wojewodschaftsamt, in 64-400 Gorzów Wielkopolski, ul. Jagiellończyka 8, Tel. 756-00. Abteilung für Kultur, Sport und Touristik. Gibt Prospekte und Informationen auch in deutscher Sprache heraus.

Zachodniopomorska Agencja Rozwoju Turystyki, al.3 Maja 1, 70-214 Szczecin, Tel./Fax 091/434 21 87, 433 70 03, 488 00 50.

Euroregion Pro Europa Viadrina, Holzmarkt 7, 15230 Frankfurt (Oder), Tel. 03 35/ 66 59 40, Fax 665 94 20.

Euroregion Pomerania, Ernst-Thälmann-Straße 4, 17321 Löcknitz, Tel. 03 97 54/ 2 05 80, Fax 2 10 53; Service- und Beratungsstelle von Pomerania: Berliner Straße 126a, 16303 Schwedt, Tel./Fax 033 32/53 89 24.

Deutsch-Polnischer Verein Educatio pro Europa Viadrina, Schloß Dabroszyn (Tamsel), 66-460 Witnica (Vietz), Skr. Poczt. 35.

Haus Brandenburg der Stiftung Brandenburg, Parkallee 14, 15517 Fürstenwalde. Bibliothek, Archiv, Foto- und Diasammlung zum Thema Neumark. Gleichzeitig Sitz der Landsmannschaft Berlin-Mark Brandenburg, Tel. 033 61/310 -52, Fax -56.

Gesellschaft für gute Nachbarschaft zu Polen, Renate Weiß, Mellenseestraße 1, 10319 Berlin, Tel. 030/512 38 29. Zuständig für Radtouren: Werner Stenzel, Galileistraße 26, 12435 Berlin, Tel./Fax 030/533 43 03. Radtouren, Busfahrten, deutsch-polnische Treffen.

Hellmut v. Gerlach-Gesellschaft, Postfach 610 220, 10923 Berlin, Tel.030/251 84 75. Kulturelle Veranstaltungen u. a. für den Erhalt des Schlosses Dąbroszyn (Tamsel).

Landsmannschaft Berlin-Mark Brandenburg, Landesverband Berlin, Stresemannstr. 90, 10963 Berlin, Tel. 030/26 55 15 43. Herausgeber der ›Märkischen Zeitung‹, vorrangig über Kreise östlich von Oder und Neiße.

LZS – Landsportbund, Straße Wyszynskiego 38, 66-400 Gorzow Wlkp., Tel./Fax 095/735 78 44 (Partner für Radtouren, Wanderungen usw.).

Heimatkreis Arnswalde: Waldfried Schnabel, Stückenberg 33, 24226 Heikendorf.

Heimatkreis Friedeberg: Rudi Stiemann, Kniephofstr. 55, 12157 Berlin.

Heimatkreis Königsberg/Nm.: H.-G. Bluhm, Im Eichenbrück 2, 31535 Neustadt.

Heimatkreis Landsberg/W.: Ursula Hasse-Dresing, Garzweg 25, 32602 Vlotho.

Heimatkreis Soldin: Ingrid Schellhaas, Görlitzer Str. 21, 37085 Göttingen.

Über den Autor

Jörg Lüderitz wurde 1935 in Rostin, Kreis Soldin/Neumark, geboren und stammt aus einer Lehrerfamilie. Nach der Vertreibung aus der Heimat im Juli 1945 wurde Rüdersdorf bei Berlin der neue Wohnort. Seit 1964 lebt er in Grünheide (Mark).

Von 1957 bis 1959 verbüßte Lüderitz wegen pazifistisch orientierter Kontakte nach Westberlin eine 28-monatige Haftstrafe. Der gelernte Buchhändler blieb seinem Beruf bis zum Vorruhestand 1991 treu.

Bekannt wurde Jörg Lüderitz, seit vielen Jahren Vorsitzender des Literaturvereins ›Georg Kaiser‹ in Grünheide, durch zahlreiche Buchveröffentlicheungen. Im Mittelpunkt stehen die brandenburgischen Gebiete jenseits von Oder und Neiße und Grünheide mit Umgebung. Thematische Schwerpunkte sind Landschaft und Geschichte, Kultur und Gegenwart.

Dem Autor wurde 1999 für seine langjährigen Bemühungen um »die Entwicklung freundschaftlicher Beziehungen zwischen polnischen und deutschen Bürgern« das Bundesverdienstkreuz verliehen.

Informationen zu Themen und Terminen der von ihm geführten Reisen und Dia-Vorträge können direkt bei ihm angefordert werden, auch für Hinweise zu diesem Buch sind Autor und Verlag jederzeit dankbar.

Jörg Lüderitz
Ernst-Thälmann-Str. 66
15537 Grünheide
Tel. 033 62/2 66 22

Ortsregister

Polnisch-deutsch

Deutsch-polnisch

Personenregister